CATALOGUE

DE

LIVRES ET ESTAMPES

RELATIFS A L'HISTOIRE DE LA VILLE DE PARIS

ET DE SES ENVIRONS

PROVENANT DE LA BIBLIOTHÈQUE DE

FEU M. HIPPOLYTE DESTAILLEUR

ARCHITECTE DU GOUVERNEMENT

PARIS

DAMASCÈNE MORGAND

LIBRAIRE DE LA SOCIÉTÉ DES BIBLIOPHILES FRANÇOIS

PASSAGE DES PANORAMAS, 55

—

1894

CATALOGUE

DE

LIVRES ET ESTAMPES

DE LA BIBLIOTHÈQUE DE

FEU M. H. DESTAILLEUR

(2)

LA VENTE AURA LIEU

Le Mercredi 28 Novembre 1894 et les trois jours suivants

À DEUX HEURES PRÉCISES

HOTEL DES COMMISSAIRES-PRISEURS

RUE DROUOT, 9

SALLE Nº 10 AU PREMIER

Par le ministère de Mᵉ MAURICE DELESTRE, commissaire-priseur,

RUE DROUOT, 27

Assisté de M. D. MORGAND, libraire,

PASSAGE DES PANORAMAS, 55

Il y aura exposition dans un magasin de M. D. Morgand, 42, rue des Jeuneurs, du 19 au 24 Novembre, de deux heures à six heures.

CONDITIONS DE LA VENTE

La vente se fait au comptant.

Les acquéreurs paieront 5 p. 100 en sus des enchères, applicables aux frais.

Les livres devront être collationnés sur place dans les vingt-quatre heures de l'adjudication. Passé ce délai ou une fois sortis de la salle de vente, ils ne seront repris pour aucune cause.

M. D. MORGAND remplira les commissions des personnes qui ne pourraient assister à la vente.

CATALOGUE

DE

LIVRES ET ESTAMPES

RELATIFS A L'HISTOIRE DE LA VILLE DE PARIS

ET DE SES ENVIRONS

PROVENANT DE LA BIBLIOTHÈQUE DE

FEU M. HIPPOLYTE DESTAILLEUR

ARCHITECTE DU GOUVERNEMENT

PARIS

DAMASCÈNE MORGAND

LIBRAIRE DE LA SOCIÉTÉ DES BIBLIOPHILES FRANÇOIS

PASSAGE DES PANORAMAS, 55

—

1894

CATALOGUE

DES LIVRES RELATIFS A

L'HISTOIRE DE LA VILLE DE PARIS

ET DE SES ENVIRONS

I. — HISTOIRE GÉNÉRALE.

1. — *Histoires générales de Paris.*

1. Histoire générale de Paris. Collection de documents. *Paris, impr. nationale*, 1866-1887, 26 vol. gr. in-4, fig., cart , non rognés.

> Introduction, par L. M. Tisserand, 1 vol. — Topographie historique du Vieux Paris, par Berty et Tisserand, 5 vol. — Les Anciennes Bibliothèques de Paris, par Alfred Franklin, 3 vol. — Paris et ses historiens aux XIVᵉ et XVᵉ siècles, par Le Roux de Lincy et Tisserand, 1 vol. — Plans de restitution. Paris en 1380, par H. Legrand, 1 vol. — Le Cabinet des Manuscrits de la Bibliothèque nationale, par Léopold Delisle, 3 vol. de texte et 1 vol. de pl. — La Seine. Le Bassin parisien aux âges antéhistoriques, par E. Belgrand, 1 vol. de texte et 2 vol. de pl. — La première Bibliothèque de l'Hôtel-de-Ville de Paris, (1760-1797), par Tisserand, 1 vol. — Etienne Marcel, prévôt des marchands, par F.-T. Perrens, 1 vol. — Les Armoiries de la ville de Paris, par le comte de Coëtlogon et Tisserand, 2 vol. — Registres des Délibérations du bureau de la ville de Paris, 3 vol. (manque le tome 1ᵉʳ). — Les Métiers et Corporations de la ville de Paris, par René de Lespinasse, 1ᵉʳ vol. — Cartulaire général de Paris ou recueil de documents relatifs à la Topographie de Paris, par Robert de Lasteyrie, 1ᵉʳ vol.

2. Publications de la Société de l'Histoire de Paris et de l'Ile de

France. *Paris,* 1874-1893, 23 vol. in-8, *brochés* et bulletin
en livraisons.

> Mémoires de la Société, 1875-1891. (Manque les années 1884 et 1885). — Paris
> pendant la domination anglaise, 1 vol. — Les Comédiens du Roi, 1 vol. — Journal
> d'un bourgeois de Paris sous Charles VI, 1 vol. — Journal de Dubuisson-Aubenay
> tome 1er. — Polyptyque d'Irminon, tome 1er. — Plan de Paris, par Truschet et
> Hoyau. — L'Hôtel-Dieu de Paris, 2 vol. Exemplaires en GRAND PAPIER.
> Bulletin, 1874-1893, incomplet de 27 livraisons.

3. Collection de documents rares ou inédits relatifs à l'Histoire de
   Paris, publiée par MM. Bonnassies, Franklin, V. Dufour, etc.
   Paris, Léon Willem, 1873-1877, 10 vol. in-12, *brochés.*

> Les Rues de Paris en 1636. — Les Ordonnances pour éviter le danger de peste,
> 1531. — Les Rues et les Cris de Paris au XIIIᵉ siècle. — La Dance macabre des
> saints Innocents. — Les Auteurs dramatiques et la Comédie-Française. — La
> Fleur des Antiquitez de Paris, 1532. — Le Baillage du Palais de Paris. — Les
> six couches de Marie de Médicis. — Le Calendrier des Confréries de Paris. —
> Une Famille de peintres parisiens aux XIVᵉ et XVᵉ siècles.
> Un des 22 exemplaires sur PAPIER DE CHINE.

4. Recueil de divers écrits pour servir d'éclaircissemens à
   l'histoire de France et supplément à la notice des Gaules, par
   M. l'abbé Lebeuf. *Paris, J. Barois,* 1738, 2 vol. in-12, fig.,
   veau.

> Sur les 19 pièces comprises dans ce recueil, 2 ont trait à l'histoire de Paris,
> tome I, pp. 88 et suiv. et tome II, pp. 142 et suiv.
> On y joint : Dissertations sur l'histoire ecclésiastique et civile de Paris, par
> l'abbé Lebeuf. *Paris,* 1739, in-12, veau.

5. Dissertations sur l'histoire ecclésiastique et civile de Paris,
   suivies de plusieurs éclaircissements sur l'histoire de France,
   par M. l'abbé Lebeuf. *Paris, Lambert et Durand,* 1739,
   in-12, mar. rouge, dos orné, fil., tr. dor. (*Rel. anc.*)

> Catalogue des actes de sainte Geneviève. — Observations sur les actes de
> saint Denis, premier évêque de Paris. — Antiquité de l'édifice de Notre-Dame de
> Paris. — Edifice découvert à Montmartre en 1737. — Observations sur le pays
> du Maine, etc.
> Bel exemplaire de dédicace aux armes du comte de MAUREPAS.

6. Variétés historiques, physiques et littéraires, ou recherches
   d'un sçavant (Boucher d'Argis), contenant plusieurs pièces
   curieuses et intéressantes. *Paris, Nyon fils,* 1752, 6 parties
   en 4 vol. in-12, veau.

> On trouve dans cet intéressant recueil diverses pièces curieuses pour l'histoire
> de Paris, savoir : Remarques sur une inscription du grand Cloître de la Char-
> treuse de Paris. — La Cérémonie singulière qui se fait tous les ans dans la rue

aux Ours. — Remarques curieuses sur la Boucherie de l'Aport de Paris. — Mémoire hist. concernant le Village de Bretigny sous Montléry. — Hist. abrégée des plus célèbres Comédiens de l'Antiquité, et des Comédiens français les plus distingués. — Royaume de la Bazoche. — Explication des Cérémonies qui se font tous les ans dans la Chapelle Saint-Nicolas, en la grand salle du Palais de Paris. — De la montre des officiers du Châtelet de Paris. — De la Communauté des Avocats et Procureurs au Parlement de Paris. — Eclaircissements sur le Mont-Valérien. — Procession qui se fait à l'Abbaye de St-Denis tous les sept ans. — Etablissement de l'Hôpital des Enfants trouvés.

7. L'Athenæum. *Paris, Crapelet,* 1807-1808, gr. in-8, fig., demi-rel.

> Contient de nombreux articles sur Paris : Le Palais des Thermes ; Lettre sur le Louvre ; Mortefontaine ; Salle des Séances du Sénat ; Notice sur St-Cloud ; l'Eglise Ste-Geneviève ; l'Aqueduc d'Arcueil ; l'Exposition de 1806 ; le Château de Vincennes ; Vue du Pont de Neuilly ; l'ancienne Abbaye de Montmartre, etc., etc.
> De la bibliothèque du duc d'ORLÉANS.

---

8. LA FLEUR DES ANTIQUITEZ, SINGULARITEZ ET EXCELLENCES DE LA PLUS QUE NOBLE ET TRIUMPHANTE VILLE ET CITÉ DE PARIS capitalle du Royaulme de France. Avec ce la genealogie du Roy Francoys premier de ce nom. *On les vend au premier pillier de la grant salle du palais, par Denys Janot. Cum privilegio.* (A la fin) : *Fin des Antiquitez et excellences de la ville de Paris... faictes et composees par Gilles Corrozet. Et imprimees a Paris pour Denys Janot,* 1532, in-16 de 8 ff. lim. et 64 ff. (le dernier blanc), basane.

> Premier ouvrage important consacré à l'histoire de la ville de Paris, œuvre de GILLES CORROZET. ÉDITION ORIGINALE d'une rareté extrême et dont on ne cite que deux ou trois exemplaires ; le volume sort des presses de *Nicolas Savetier* qui obtint la permission d'imprimer ce livre le 19 mars 1531, (1532 n. s.). Les ff. lim. se composent du titre contenu dans un encadrement, de l'*Ordonnance de M. le Bailli de Paris* contenant le permis d'imprimer, d'une épître en vers de Corrozet *aux Bourgeois et Citoyens de Paris,* du *Prologue,* de la Table et d'une figure sur bois représentant Mécène et Virgile. Quelques chapitres de ce traité sont écrits en vers.
> Des bibliothèques de GILBERT et de BONNARDOT.

9. Les Antiquitez, histoires et singularitez de Paris, ville capitale du royaume de France (de Gilles Corrozet). *A Paris, en la boutique de Gilles Corrozet,* 1550, in-8 de 16 ff. lim., 200 ff. et 2 ff. pour les *corrections,* peau de mouton.

> PREMIÈRE ÉDITION sous le titre d'*Antiquités.*
> Dans la Préface, Corrozet annonce que c'est un livre *tout neuf,* écrit *plus*

amplement, et au long sans comparaison qu'il n'a esté par ci-devant escrit en un petit livre ainsi intitulé (La Fleur des Antiquités) *lequel j'ai supprimé et mis à néant.*

Les augmentations portent sur les événements survenus de 1532 à 1550 ; cette partie est très importante.

10. Les Antiquitez, chroniques et singularitez de Paris, ville capitale du Royaume de France, avec les fondations et bastimens des lieux : Les Sepulchres et Epitaphes des Princes, Princesses et autres personnes illustres. Recueillies par feu Gilles Corrozet, Parisien. Augmentées de nouveau de plusieurs choses memorables. *A Paris, pour la vefve Jean Bonfons, s. d.* (1571), in-16, veau brun, dos orné, fil., milieux, tr. dor. (*Rel. anc.*)

Cette édition doit être la première publiée par *Nic. Bonfons* après la mort de Corrozet arrivée en 1568. Le P. Nicéron cite une édition de 1568 également donnée par *Bonfons*, mais l'existence en paraît douteuse. Cette édition de la *veuve Bonfons* citée par Bonnardot d'après Brunet, doit avoir été publiée vers 1571, un des derniers faits cités étant un débordement de la Seine en décembre 1570.

11. Les Antiquitez, croniques et singularitez de Paris, ville capitalle du Royaume de France. Avec les fondations et bastimens des lieux. Les sepulchres et Epitaphes des Princes, Princesses et autres personnes illustres. Par Gilles Corrozet, Parisien, et depuis augmentées par N. B. (Nic. Bonfons), Parisien. *Paris, par Nicolas Bonfons,* 1581, in-16, veau fauve, dos orné, fil., tr. dor. (*Trautz-Bauzonnet.*)

12. Les Antiquitez, Croniques et singularitez de Paris, Ville capitale du royaume de France. Auec les fondations et bastiments des lieux ; les Sepulchres et Epitaphes des princes, princesses, et autres personnes illustres. Par Gilles Corrozet, parisien, et depuis augmentées, par N. B. (Nicolas Bonfons), Parisien. *Paris, Nic. Bonfons,* 1586, in-8 de 16 ff. lim. et 212 ff. — Les Antiquitez et singularitez de Paris. Livre second. De la sepulture des roys et roynes de France, princes, princesses et autres personnes illustres : representez par figures ainsi qu'ils se voyent encores à present es eglises où ils sont inhumez. Recueillis par Jean Rabel, M. paintre. *Paris, Nic. Bonfons,* 1588, in-8 de 4 ff. lim., 121 ff. et 3 ff. de *Table.* En un vol. in-8, fig., vélin.

Première édition ornée de 55 figures de *Rabel* gravées sur bois représentant l'une l'abbaye de St-Germain des Prés et les autres des tombes royales de Saint-Denis, Saint-Germain-des-Prés, et aussi celles élevées dans l'église Saint-Paul par Henri III à ses mignons Maugeron (Maugiron), Samegrin (Saint-Megrin), et Quesleus, tombes qui furent détruites en 1589.

Cette édition, la troisième du livre de Corrozet publié par Bonfons, renferme des augmentations telles que ce dernier la « regarde presque comme son œuvre propre ».

13. Les Fastes antiquitez et choses plus remarquables de Paris. Labeur de curieuse et diligente recherche, divisé en quatre livres, par Pierre Bonfons, Parisien. *Paris, Nicolas et Pierre Bonfons,* 1605, in-8, mar. vert, dos orné, fil. (*Rel. anc.*)

Dernière édition de l'ouvrage de Corrozet, revue par P. Bonfons, fils de Nicolas Bonfons.

Elle contient encore les figures de *Rabel*.

Exemplaire aux armes de J.-A. de Thou et de sa femme Gasparde de La Chastre.

14. Les Antiquitez et recherches des Villes, chasteaux et places plus remarquables de toute la France, selon l'ordre et ressort des Parlements. Œuvre enrichy des fondations, situations et singularitez des villes, places, etc., par André du Chesne, reveu, corrigé et augmenté par Fr. du Chesne, son fils *Paris*, 1647, in-12, vélin.

L'Histoire de la Ville et des environs de Paris occupent les pages 1-233.

15. Le Théâtre des antiquitez de Paris où est traicté de la fondation des Eglises et Chapelles de la Cité, Université, Ville et Diocèse de Paris, comme aussi de l'Institution du Parlement, fondation de l'Université et Collèges, et autres choses remarquables. Divisé en quatre livres, par le R. P. J. Du Breul. *Paris*, 1612. — Supplementum Antiquitatum Urbis Parisiacæ, quoad Sanctorum Germani à Pratis, et Mauri Fossatensis Cœnobia, auctore Patre Jacobo Du Breul Parisino. Contenta docebit folium tertium. *Parisiis*, 1614, in-4. — Supplément des Antiquitez de Paris. Avec tout ce qui s'est fait et passé de plus remarquable depuis l'année 1610 jusques à present, par D. H. I., Advocat en Parlement. *Paris*, 1639, in-4. Ens. 3 tomes en 2 vol. in-4, veau.

Première édition de cet ouvrage estimé. Elle est ornée de gravures par *Thomas de Leu* et *L. Gaultier*. Bel exemplaire avec les suppléments.

On a relié à la suite du 2º volume : 1º La vie de Monseigneur le cardinal de Bourbon, par J. du Breul, *Paris*, 1512 (1612). — 2º Un supplément manuscrit du

XVIIᵉ siècle en 340 pages contenant des documents divers relatifs à l'histoire de Paris, extraits de plusieurs manuscrits. Cet appendice présente un réel intérêt. Portraits ajoutés.

De la bibliothèque de M. LE ROUX DE LINCY.

16. Le Théâtre des Antiquitez de Paris où est traicté de la fondation des Eglises et Chapelles de la Cité, Université, Ville et Diocèse de Paris, comme aussi de l'Institution du Parlement, fondation de l'Université et Collèges, et autres choses remarquables. Divisé en quatre livres, par le R. P. J. Du Breul. *Paris*, 1612, un tome en 2 vol. in-4, veau, dos orné, fil., tr. jaspée. (*Rel. anc.*)

Première édition. On y joint le : Supplément des Antiquités de Paris, par D. H. I. *Paris*, 1639, in-4, demi-rel.

17. Les Antiquitez de la Ville de Paris contenans la recherche nouvelle des fondations et établissemens des Eglises, Chapelles, Monastères, Hospitaux, Hostels, Maisons remarquables, Fontaines, Regards, Quais, Ponts et autres Ouvrages curieux. La Chronologie des premiers présidens, advocats et procureurs généraux du Parlement, Prevosts gardes de la prevosté de la ville et vicomté de Paris, Prevosts des marchands, etc., par Claude Malingre. *Paris, Pierre Rocolet*, 1640, in-fol., fig., mar. rouge, dos orné, double rangée de fil., tr. dor. (*Rel. anc.*)

Cet ouvrage n'est autre chose qu'une troisième édition du *Théâtre des Antiquités de Paris* de Du Breul, avec des additions et annotations de Cl. Malingre. Ces annotations portent surtout sur les travaux exécutés à Paris, pendant la régence de Marie de Médicis et le règne de Louis XIII.

Exemplaire aux armes de la VILLE DE PARIS.

18. Les Antiquitez de la Ville de Paris contenans la recherche nouvelle des fondations et établissemens des Eglises, Chapelles, Monastères, Hospitaux, Hostels, Maisons remarquables, Fontaines, Regards, Quais, Ponts et autres Ouvrages curieux, etc., par Claude Malingre. *Paris, Pierre Rocolet*, 1640, in-fol., fig., mar. rouge, dos orné, double rangée de fil. (*Rel. anc.*)

Exemplaire en GRAND PAPIER. Six feuillets sont remontés.

19. Les Annales Générales de la Ville de Paris, représentant tout ce que l'histoire a peu remarquer de ce qui s'est passé de plus memorable en icelle, depuis sa première fondation

jusques à present. *Paris, chez Pierre Rocollet*, 1640, in-fol.,
mar. rouge, dos orné, double rangée de fil., tr. dor.
(*Rel. anc.*)

    Cette Histoire de Paris est également l'œuvre de Claude Malingre, historio-
graphe du Roi.
    Aux armes de la VILLE DE PARIS.

20. Abregé des Antiquitez de la Ville de Paris, contenant les
    choses les plus remarquables, tant anciennes que modernes.
    Paris, Sercy, 1664, pet. in-12. — Abregé des Annales de la
    Ville de Paris, contenant tout ce qui s'est passé de plus
    mémorable depuis sa première fondation jusques à présent.
    Paris, Sercy, 1664, pet. in-12. En un vol. pet. in-12, mar.
    bleu, fil. à froid, tr. dor. (*Duru.*)

    Ces deux volumes renferment l'Abrégé des ouvrages de C. Malingre, publiés
sous les titres de *Annales* et *Antiquités* de Paris, par François Colletet, fils de
Guillaume Colletet.
    Bel exemplaire aux armes et chiffre de M. le baron J. PICHON.

21. La Ville de Paris, contenant le nom de ses rues, de ses
    fauxbourgs, églises, monastères, chapelles, etc., par le sieur
    Colletet. *A Troyes, et à Paris*, 1708, in-12, veau fauve.

    Ce volume est en partie extrait de l'*Abrégé des Antiquités de Paris* de
Fr. Colletet. On y joint un exemplaire de l'édition de 1664 de l'*Abrégé*, in-12,
vélin.

22. Paris ancien et nouveau, ouvrage très-curieux où l'on voit
    la fondation, les accroissemens, le nombre des habitans et
    des maisons de cette grande ville, par M. Le Maire. *Paris,
    Michel Vaugon*, 1685, 3 vol. in-12, veau.

    Première édition. Le Maire a fait de nombreux emprunts à l'ouvrage du
P. Du Breul.

23. Histoire de la ville de Paris, composée par D. Michel Féli-
    bien, revue, augmentée et mise au jour par D. Guy-Alexis
    Lobineau, justifiée par des preuves autentiques et enrichie
    de plans, de Figures, et d'une carte topographique. *A Paris,
    chez Guill. Desprez*, 1725, 5 vol. in-fol., front., fig. et pl.,
    veau marbré.

    Bel exemplaire en GRAND PAPIER, aux armes de COLBERT, marquis de
Seignelay.

24. Histoire et recherches des Antiquités de la ville de Paris,

par Mᵉ Henri Sauval, Avocat au Parlement. *Paris, Ch. Moette*, 1733, 3 vol. in-fol., veau fauve.

Bel exemplaire portant sur le dos les armoiries de ORRY, contrôleur général des finances.

25. Histoire de la Ville de Paris (par l'abbé Desfontaines, d'Auvigny et de La Barre). *Paris, Giffard*, 1735, 5 vol. in-12, plans, veau.

Abrégé de l'Histoire de Paris de Félibien.
On y joint : Projet d'une histoire de la ville de Paris (par Coste). *Harlem*, 1739, in-12, veau. Critique des historiens trop prolixes, Sauval, Félibien, etc.

26. Histoire de la ville et de tout le diocèse de Paris, par M. l'abbé Lebeuf. *A Paris, chez Prault père*, 1754-1758, 15 vol. in-12, veau fauve, dos orné, tr. rouge.

Très bel exemplaire de cet excellent ouvrage, précieux par l'exactitude des recherches faites le plus souvent dans les manuscrits originaux et par les nombreux détails historiques qu'il renferme. L'abbé Lebeuf s'est surtout attaché à l'étude de l'histoire ecclésiastique, mais comme il s'est aussi longuement occupé du temporel, son ouvrage appartient aussi bien à l'histoire générale qu'à l'histoire religieuse.

27. Recherches critiques, historiques et topographiques sur la Ville de Paris, depuis ses commencements connus jusqu'à présent : avec le plan de chaque quartier, par le Sʳ Jaillot. *A Paris, Le Boucher*, 1782, 20 tomes en 5 vol. in-8, plans, veau marbré, dos orné, fil., tr. jaspée. (*Rel. anc.*)

L'ouvrage de Jaillot est un des plus soigneusement écrits sur l'histoire de Paris, cet auteur ayant eu soin de remonter aux sources historiques les plus autorisées.
Exemplaire aux armes de Antoine-Louis-François de CAUMARTIN SAINT-ANGE.

28. Essais historiques sur Paris (par Poullain de Saint-Foix). Nouvelle édition. *S. l.*, 1759, 3 vol. in-12, veau fauve, dos orné, fil., tr. rouge.

Exemplaire aux armes du Maréchal de ROHAN-SOUBISE.

29. ESSAIS HISTORIQUES SUR PARIS, de M. (Germain-François Poullain) de Saint-Foix. Quatrième édition, revue, corrigée et augmentée. *Paris, veuve Duchesne*, 1766, 5 vol. in-12, portr., mar. rouge, dos orné, fil., tr. dor. (*Rel. anc.*)

Bel exemplaire aux armes de Madame DU BARRY.

30. Essais historiques sur Paris, de M. (Germain-François

Poullain) de Saint-Foix. Quatrième édition, revue, corrigée et augmentée. *Paris, veuve Duchesne,* 1766, 5 vol. in-12, veau.

Exemplaire avec 2 volumes supplémentaires publiés en 1776 et 1777.
On y joint : Nouveaux essais historiques sur Paris (par A. J. Ducoudray). *Paris,* 1781-1783, 4 vol. in-12, veau.

31. Tableau historique et pittoresque de Paris, depuis les Gaulois jusqu'à nos jours, par M*** (J. M. B. de Saint-Victor). *Paris, Nicolle,* 1808-1811, 3 vol. in-4, pl., veau, dos orné, dent.

Première édition. Cet ouvrage est un abrégé de celui de Jaillot. Ce qui le rend particulièrement intéressant, c'est qu'il est orné de 299 planches et figures gravées à la manière noire, représentant des monuments de Paris.

32. Paris ancien, Paris moderne : religions, mœurs, caractères, usages des habitans de cette ville ; anecdotes curieuses et faits intéressants. (Par de Mauperché). *Paris, Barrois aîné,* 1814, in-4, pl. coloriées, demi-rel. mar. rouge, *non rogné.*

Ouvrage resté inachevé, il est orné de 8 planches coloriées.

33. Histoire physique, civile et morale de Paris, depuis les premiers temps historiques jusqu'à nos jours, par J. A. Dulaure. Seconde édition considérablement augmentée en texte et en planches. *Paris, Guillaume,* 1823-1824, 10 vol. in-8 et un atlas in-4. — Histoire physique, civile et morale des Environs de Paris, depuis les premiers temps historiques jusqu'à nos jours, par J. A. Dulaure. *Paris, Guillaume,* 1825-1828, 7 tomes en 8 vol. in-8. Ens. 19 vol., fig., cart., *non rognés.*

Bel exemplaire en PAPIER VÉLIN, auquel on a ajouté les figures de l'édition publiée par *Furne.*

34. Paris ancien et moderne, ou histoire de France divisée en douze périodes appliquées aux douze arrondissements de Paris, et justifiée par les monuments de cette ville célèbre, d'après Dubreul, Sauval, Félibien, Piganiol, Delamare, Jaillot, etc., par J. de Marlès. *Paris,* 1837-1838, 4 vol. in-4, demi-rel. mar. rouge.

Figures à la manière noire copiées sur celles du *Tableau de Paris* de Saint-Victor.

35. Paris, ses organes, ses fonctions et sa vie dans la seconde
moitié du XIXe siècle, par Maxime Du Camp. *Paris,
Hachette et Cie*, 1874-1875, 6 vol. in-8, cart., *non rognés.*

2. — *Descriptions de Paris.*

36. LUTETIÆ PARISIORUM descriptio, authore Eustathio a Knobelsdorf Pruteno. *Parisiis, apud Christianum Wechelum,*
1543, in-8, veau, milieux et fleurons d'angles, fil. à froid.
(*Rel. du temps.*)

Très curieuse description de Paris composée d'environ 1,500 vers.

On trouve dans le livre de Knobelsdorf un certain nombre de distiques
consacrés à Jeanne d'Arc.

On a relié dans le même volume : FROSSARDI *historiarum opus omne, jam
primum et breviter collectum et latine sermone redditum.* Parisiis, 1537.
(Traduction abrégée des Chroniques par Jean Sleidan), et : *Brevis admodum
totius Galliæ descriptio, per Gilbertum* COGNATUM *Nozerenum.* Basileæ, 1552
(avec le portrait de Gilbert Cognatus [Cousin] gravé sur bois).

Jolie reliure bien conservée.

37. Rodolphi Boterei in Magno Franciæ Consilio Advocat
Lutetia. Adjuncta est descriptio Lutetiæ Parisiorum, authore
Eustathio a Knobelsdorf Pruteno, edita apud Wechelum
anno 1543. *Lutetiæ Parisiorum*, 1611, in-8, vélin.

Le poème latin de Boutrays, *Lutetia*, est l'imitation de celui de Eustache de
Knobelsdorf qui avait déjà été publié en 1543 (voy. ci-dessus) et qui se trouve
réimprimé pp. 169-219, du présent volume. Boutrays dédia son livre au prévôt
des marchands et aux échevins de la ville de Paris, dont il reçut divers présents
en témoignage de reconnaissance. Son livre est devenu rare.

38. TRATADO DE LAS COSAS MAS NOTABLES que se veen en la
gran Ciudad de Paris, y algunas del Reyno de Francia.
Compuesto por Ambrosio de Salazar. *Paris, Diego Bessin,*
1616, in-12 réglé, mar. brun, dos orné, comp. à petits fers,
tr. dor. (*Rel. anc.*)

Une des plus rares descriptions de Paris au XVIIe siècle ; l'auteur s'est aidé de
l'ouvrage de Corrozet.

Une table imprimée au 2e f. nous donne le sommaire de ce que renferme le
volume qui, outre la description de Paris, contient: 1° Vie de Louis XIII,
2° Généalogie de la maison de Bourbon, 3° Généalogie de la maison de Lorraine,
4° Le retour du roi à Paris avec son entrée, etc.

Bel exemplaire dans une jolie reliure.

39. Paris, ou la description succincte, et neantmoins assez
   ample, de cette grande ville, par un certain nombre
   d'Epigrammes de quatre vers chacune, sur divers sujets.
   Par M. de Marolles. *S. l.* (*Paris*), 30 *juin*-12 *juillet* 1677,
   2 parties en un vol. in-4, veau brun. (*Rel. anc.*)

   Cette description de Paris en vers burlesques est un des documents des plus
   curieux et des plus rares pour l'histoire de cette ville au XVIIe siècle.
   La première partie comprend 88 pages et 486 quatrains où sont décrits et cités :
   *le Louvre, les Palais et Hôtels, les Églises, Abbayes, Hôpitaux, Université,
   l'Académie, les Bibliothèques, les Peintres et Sculpteurs du Louvre, Gouverneurs, Prévosts,* etc.
   La seconde partie en 116 pp. (chiffrées 89-201) et 3 ff., intitulée : *Paris.
   Seconde partie ou il sera parlé des ordres religieux et de toutes les maisons
   régulières,* comprend 722 quatrains. La table qui suit cette seconde partie est
   consacrée à l'ouvrage complet, elle est suivie d'un catalogue détaillé des autres
   ouvrages en vers burlesques de l'abbé de Marolles.
   Les 2 parties de ce poème se rencontrent très difficilement, mais la deuxième
   est particulièrement rare ; on n'en connaît que 2 ou 3 exemplaires.
   Cet exemplaire qui porte au titre le cachet de la bibliothèque des *Missionnaires
   de France,* contient un deuxième ouvrage aussi rare et aussi important que le
   livre sur *Paris,* c'est *Le Livre des peintres et graveurs (et des curieux d'estampes),*
   S. l. n. d., in-4 de 55 pp.
   Cet intéressant ouvrage du célèbre collectionneur d'estampes du XVIIe siècle
   est connu par les réimpressions données par M. Duplessis dans la Bibliothèque
   Elzévirienne. M. Duplessis n'a cité que 3 exemplaires du *Livre des peintres.*
   Quelques raccommodages. Portrait de l'abbé de Marolles par *Cl. Mellan*
   ajouté.

40. Description nouvelle de ce qu'il y a de plus remarquable
   dans la ville de Paris, par M. B**** (Germain Brice). *A Paris,
   chez Nicolas Le Gras,* 1684, 2 tomes en un vol. in-12, veau
   brun, dos orné. (*Rel. anc.*)

   Édition originale. Rare.
   On y joint : Description nouvelle de ce qu'il y a de plus remarquable dans
   Paris, par M. B. *La Haye,* 1685, 2 tomes en un vol. in-12, vélin.
   Jolie réimpression faite en *Hollande.*

41. Description nouvelle de ce qu'il y a de plus remarquable
   dans la ville de Paris, par M. B... (Germain Brice). *A la
   Haye, chez Abraham Arondeus,* 1685, 2 tomes en un vol.
   pet. in-12, mar. rouge, dos orné, fil., tr. dor. (*Duru.*)

   Jolie réimpression de l'édition originale, publiée en Hollande. Exemplaire de
   la vente de M. le baron J. Pichon.

42. Description nouvelle de ce qu'il y a de plus remarquable
   dans la ville de Paris. Seconde édition augmentée de plusieurs

recherches tres-curieuses, par M. Brice. *Paris, Nic. le Gras,* 1694, 2 parties en un vol. in-12, veau.

Cette seconde édition avait déjà été publiée sous la date de 1687. Dans l'édition de 1694 le titre seul a été renouvelé.

43. Description nouvelle de la Ville de Paris, ou recherche curieuse des choses les plus singulières et les plus remarquables qui se trouvent à présent dans cette grande ville, par G. Brice, Parisien. *Paris, Nic. le Gras,* 1698, 2 vol. in-12, veau.

Troisième édition ornée d'un plan de Paris gravé en 1694.

44. Description nouvelle de la vile (*sic*) de Paris et recherche des singularitez les plus remarquables qui se trouvent à présent dans cette grande vile. Cinquième édition augmentée. Avec un nouveau plan et des figures. Par Germain Brice. *Paris, Nic. Legras,* 1706, 2 vol. in-12, fig., veau marbré.

Première édition illustrée. Les planches, au nombre de 18, sont gravées par *Giffard.*
Exemplaire aux armes de Lorenzo MARZIANI, prince de Furnari.

45. Description de la Ville de Paris et de tout ce qu'elle contient de plus remarquable. Par Germain Brice. Enrichie d'un nouveau plan et de nouvelles figures dessinées et gravées correctement. Septième édition revue et augmentée par l'auteur. *A Paris, chez François Fournier,* 1717, 3 vol. in-12, fig., veau granit.

Cette édition renferme un plan et 29 figures copiées sur les estampes de *Perelle, J. Marot,* etc.

46. Nouvelle description de la Ville de Paris et de tout ce qu'elle contient de plus remarquable, par Germain Brice. Enrichie d'un nouveau plan et de nouvelles figures dessinées et gravées correctement. Huitième édition, revue et augmentée de nouveau. *Paris, Gandouin,* 1725, 4 vol. in-12, veau.

Cette édition renferme un plan et 40 planches.
Exemplaire de M. Le Roux de Lincy.

47. Description de la Ville de Paris, et de tout ce qu'elle contient de plus remarquable, par Germain Brice. Nouvelle édition enrichie d'un nouveau plan et de nouvelles figures dessinées

et gravées correctement. *Paris, chez les libraires associés,* 1752, 4 vol. in-12, fig., veau marbré, dos orné.

Cette édition qui avait été préparée par Brice, ne fut publiée qu'après sa mort; diverses additions ont été faites par Mariette et l'abbé Perreau ; les figures y sont au nombre de 41.

L'*Avertissement* contient la biographie de Brice qui naquit en 1653 et mourut en 1727.

48. Les Delices de la France, ou descriptions des provinces et villes capitales d'icelle, depuis la paix de Ryswyk, et la description des châteaux, maisons royales. *Amsterdam, Pierre Mortier,* 1699, 2 vol. in-12, front. et pl., veau.

Descriptions de Paris, de Versailles, de Vincennes, de Fontainebleau, etc.

49. Les Curiositez de Paris, de Versailles, de Marly, de Vincennes, de Saint-Cloud et des environs, avec les Antiquitez justes et précises sur chaque sujet, etc., par M. L. R. *A Paris, chez Saugrain père,* 1733, 2 vol. in-12, front. et fig., veau fauve, dos orné, tr. rouge.

Cet ouvrage, attribué le plus souvent à Louis Le Rouge, doit être en réalité de Claude-Martin Saugrain, libraire. Telle est du moins l'opinion de Lenglet Dufresnoy (*Méthode pour étudier l'histoire,* IV, 172), du P. Le Long et de M. de Montaiglon.

Exemplaire aux insignes du duc de ROHAN-CHABOT.

50. Curiosités de Paris, de Versailles, Marly, Vincennes, Saint-Cloud, et des environs. Nouvelle édition, par M. L. R. *A Paris, chez les libraires associés,* 1778, 2 vol. in-12, front. et fig., veau.

Sixième édition notablement augmentée de l'ouvrage de Saugrain.

On y joint un 3e volume complémentaire intitulé : *Nouveau voyage de France, géographique, historique et curieux, par M. L. R.* Paris, 1778.

51. Nouvelle Description de la France dans laquelle on voit le gouvernement général de ce royaume et celui de chaque province en particulier, et la description des villes, maisons royales, châteaux, et monumens les plus remarquables. Avec des figures en taille douce. Par Piganiol de La Force. *Paris, Th. Legras,* 1722, 7 tomes en 8 vol. in-12, front., fig. et cartes, veau.

Le premier volume traite de la France en général et de son administration ; le tome 2 divisé en deux parties contient la *Description de Paris et des belles maisons et châteaux des environs de Paris.*

52. Description historique de la Ville de Paris et de ses environs, par feu Piganiol de la Force. Nouvelle édition, revue, corrigée et considérablement augmentée (par l'abbé Perreau ou Lafont de Saint-Jeune). Avec des figures en taille-douce. *Paris, G. Desprez*, 1765, 10 vol. in-12, plan et fig., veau marbré, dos orné, fil., tr. dor. (*Rel. anc.*)

Exemplaire aux armes du comte DU BARRY, dorées au bas du dos avec la devise *Boutez en avant*.

53. Q. B. V. Lutetia Parisiorum erudita sui temporis, hoc est, annorum hujus seculi XXI et XXII. Auctore G. W. S. *Norimbergœ*, 1722, pet. in-8, vélin.

54. Description historique de Paris et de ses plus beaux monuments, gravés en taille-douce par F. N. Martinet.— Histoire de Paris. Par M. Béguillet. *Paris*, 1779-1781. Ens. 3 vol. in-4, fig., veau fauve, dos orné. (*Rel. anc.*)

Cet ouvrage est orné de 3 titres gravés, 2 frontispices, 3 en-têtes, 10 planches d'allégories et de portraits et de 39 jolies planches de vues de Paris à 2 sujets par planche, le tout gravé par *Martinet*.

Bel exemplaire en GRAND PAPIER portant les insignes du duc de ROHAN-CHABOT.

55. Dictionnaire historique de la Ville de Paris et de ses environs, dans lequel on trouve la description des monumens et curiosités, l'établissement des maisons religieuses, celui des communautés d'artistes, etc., par Hurtaut. *Paris, Moutard*, 1779, 4 vol. in-8, veau marbré, dos orné, tr. rouge.

On y joint : Dictionnaire pittoresque et historique des Établissements et Monuments de Paris, Versailles, Marly, etc. par Hébert. *Paris*, 1766, 2 tomes en 1 vol. in-8, demi-rel.

56. Description de Paris et de ses édifices, par J. G. Legrand et C. P. Landon. *Paris*, 1806, 2 vol. in-8, demi-rel.

Orné d'un plan de Paris et de 98 figures au trait, finement coloriés. 2 figures ajoutées.

57. Description de Paris et de ses Edifices, avec un précis historique et des observations sur le caractère de leur architecture, et sur les principaux objets d'art et de curiosité qu'ils renferment, par Legrand et Landon. *Paris, Treuttel et Würtz*, 1808-1809, 2 vol. in-8, fig., veau fauve, dos orné, fil., tr. marbrée.

Orné de 100 planches d'après *Landon*.

58. Description de Paris et de ses Édifices, par Legrand et Landon. Seconde édition. *Paris, Treuttel et Würtz*, 1818, 2 vol. in-8, fig., cart., *non rognés.*

    Orné de 120 planches d'après *Landon.*

59. Description de Paris et de ses Édifices, par Legrand et Landon. *Paris, Treuttel et Würtz*, 1842, 2 vol. in-8, fig., cart., *non rognés.*

    Orné de 120 planches.

60. Miroir historique, politique et critique de l'ancien et du nouveau Paris, et du département de la Seine (par Prud'homme). *Paris*, 1807, 6 vol. in-12, fig., cart., *non rognés.*

61. Dictionnaire historique et descriptif des Monumens religieux, civils et militaires de la ville de Paris, par B. de Roquefort. *Paris, Ferra jeune*, 1826, in-8, fig., demi-rel. mar. vert, dos orné, tr. dor.

    Orné de 30 jolis dessins originaux à la plume, à la sépia et à l'encre de Chine. Deux dessins à la sépia par *Terry* ajoutés.

3. — *Guides dans Paris.*

62. La Guide de Paris : contenant le nom et l'adresse de toutes les rues de ladite ville et faux-bourgs, avec leurs tenans et aboutissans : ensemble les places, ponts, portes, églises, collèges, hostels, postes, messageries, coches et autres choses remarquables et nécessaires à sçavoir, par le Sieur de Chuyes, lyonnois. *Paris, Brunet, s. d.* (1647), in-12 de 239 pp., basane.

    ÉDITION ORIGINALE.

63. Le Guide fidelle des etrangers dans le voyage de France, contenant la description de toutes les villes, chasteaux, maisons de plaisance et autres lieux remarquables qui se rencontrent dans les diferentes routes dudit voyage. Par le sieur de S. Maurice. *Paris, Et. Loyson*, 1672, in-12, front., veau.

    Intéressante description de Paris et de ses environs.
    On y joint : Le Gentilhomme étranger voyageant en France. *Leyde*, 1699, in-12, veau. Réimpression augmentée du *Guide fidèle.*

64. Le Voyageur fidèle ou le Guide des étrangers dans la ville de Paris. Qui enseigne tout ce qu'il y a de plus curieux à voir, les noms des rues, des fauxbourgs, églises, etc. *Paris,* 1716, in-12, veau.

65. Les Rues de Paris, avec les quays, ponts, fauxbourgs, portes, places, fontaines, etc. *Paris,* 1723, in-12, *broché.*

> On y joint : 1° Les Rues et les environs de Paris. *Paris,* 1745, 2 tomes en un vol. in-12, veau.
> 2° Les Rues et les environs de Paris. *Paris,* 1777, 2 vol. in-12, plan, veau.

66. Mémorial de Paris et de ses environs à l'usage des voyageurs. Par M. l'abbé Antonini. *Paris, Musier,* 1734, in-12, demi-rel.

> Curieux renseignements sur les Monuments publics et sur les hôtels particuliers. On y trouve de nombreux détails concernant les collectionneurs et les bibliophiles en particulier ; un chapitre est consacré à la bibliothèque du comte d'Hem (de Hoym).
> A la fin : *Liste historique et chronologique des peintres, depuis le rétablissement de la peinture jusqu'à présent.*

67. Voyage pittoresque de Paris ; ou indication de tout ce qu'il y a de plus beau dans cette grande ville en peinture, sculpture et architecture, par M. D*** (Dezallier d'Argenville). *Paris, De Bure,* 1752, 1778, 2 vol. in-12, front. et fig., veau, fil., tr. dor.

> Deuxième et sixième éditions de cet ouvrage intéressant, surtout pour l'histoire artistique de Paris.
> L'édition de 1752 contient un frontispice en couleur par *Robert,* et 4 figures par *Choffard.*
> L'édition de 1778 contient un nouveau frontispice et 7 figures, dont la Place Louis XV par *Moreau.*

68. Voyage pittoresque de Paris, ou indication de tout ce qu'il y a de plus beau dans cette ville, en peinture, sculpture et architecture, par M. D*** (Dezallier d'Argenville). Sixième édition. *Paris, De Bure,* 1778, in-12, front. et fig., veau fauve, dos orné, fil., tr. rouge. (*Rel. anc.*)

> Bel exemplaire auquel on joint : *Voyage pittoresque des environs de Paris, (par Dezallier d'Argenville).* Paris, 1779, in-12, veau. Reliure uniforme.

69. Almanachs parisiens — Almanachs pittoresques de Paris — Almanach du voyageur à Paris. *Paris,* 1762-1796, 15 vol. in-12, fig., veau.

70. Le Géographe parisien, ou le conducteur chronologique et historique des rues de Paris, par Le Sage. *Paris*, 1769, 2 vol. in-8, plans. — Géographie parisienne en forme de dictionnaire, par Teisserenc. *Paris*, 1754. Ens. 3 vol. in-8 et in-12, veau.

71. Almanach du voyageur à Paris, contenant une description exacte et intéressante de tous les monuments, chefs-d'œuvre des Arts, établissements utiles, etc., par M. Thiery. Année 1784. *Paris*, 1784, in-12, mar. rouge, dos orné, fil., tabis tr. dor. (*Rel. anc.*)

> Aux armes du comte de MAUROY et de sa femme.
> Taches dans les marges.

72. GUIDE DES AMATEURS et des Étrangers Voyageurs à Paris, ou description raisonnée de cette ville, de sa banlieue et de tout ce qu'elles contiennent de remarquable, par M. Thiéry, *Paris, Hardouin et Gattey,* 1787, 2 vol. in-12, fig., mar. rouge, dos orné, fil., tr. dor. (*Rel. anc.*)

> Le meilleur guide de Paris du XVIIIe siècle. On y trouve des renseignements nombreux sur les galeries de tableaux, collection d'objets de curiosité, etc.
> L'ouvrage est orné de 12 jolies figures se dépliant représentant des monuments de Paris, dessinées par *Thiery* et gravées par *Jourdan.*
> Bel exemplaire dans une reliure aux armes de THIROUX DE CROSNE, lieutenant de police de Paris.

73. Guide des Amateurs et des Etrangers Voyageurs à Paris, par M. Thiéry. *Paris*, 1787, 2 vol. in-12, fig., veau.

74. Le Voyageur à Paris, contenant une description sommaire, mais exacte, de tous les monumens, chefs-d'œuvre des Arts, etc., par M. Thiéry. Année 1789. *Paris, Gattey* (1789), 2 vol. in-12, plan, mar. vert, dos orné, dent., tabis, tr. dor. (*Rel. anc.*)

> Très bel exemplaire dans une jolie reliure aux armes de VILLEDEUIL.

75. Dictionnaire topographique, étymologique et historique des Rues de Paris, par de La Tynna. *Paris*, 1812, in-8, plan, veau fauve, dos orné, fil., tr. dor. (*Bozérian jeune.*)

> Bel exemplaire en PAPIER VÉLIN.

4. — *Histoire particulière de Paris à différentes époques.*

76. Histoire tres-veritable de ce qui est advenu en ceste ville de Paris, depuis le septiesme de May 1588, jusques au dernier de Juin ensuyvant audit an. *Paris, Michel Joüin,* 1588, pet. in-8 de 32 pp., mar. rouge, double rangée de fil., tr. dor.

> A la suite : *Extrait des registres de l'hôtel de ville de Paris, touchant ce qui a esté délibéré en l'assemblée d'icelle ville le 30 décembre 1588, pour la seureté, repos et conservation de ladite ville après le massacre et emprisonnemens des princes, seigneurs, bourgeois, etc.* Paris, 1589.

77. Paris sous Henri IV. *Paris,* 1590-1597, 3 pièces pet. in-8, *déreliées.*

> Responses aux lettres d'Henry de Bourbon aux habitans de Paris, le 16 juin 1590. — Discours de ce qui s'est passé en la conférence des députez de Paris avec le Roi en l'abbaye S. Anthoine, le 7 août 1590. — Remonstrances présentées au roy Henry IIII de la part de sa Cour de Parlement de Paris, l'an 1597.

78. RELATIONE DELL' ASSEDIO DI PARIGI. Col dissegno di quella Citta et de' luoghi circonvicini. Alla Sta di N. S. Gregorio Papa XIIII. Principe ottimo. *In Roma, appresso Bartolomeo Grassi,* (1591), in-4 de 2 ff., 88 pp. et un plan, titre gravé, vélin.

> Ce volume qui renferme la Relation du siège de Paris par Henri IV est un des plus curieux documents pour l'histoire de Paris. L'auteur, Ph. PIGAFFETA, dont le nom se lit à la suite de la dédicace, fut témoin des événements dont il fait le récit, mais sans se borner aux faits militaires du siège, il a agrémenté sa relation de nombreux détails relatifs à la description de Paris, citant ses fortifications, faubourgs, quais, rues, etc. Une traduction de cette relation par M. A. Dufour a été donnée dans le 2e volume des *Mémoires de la Société de l'Histoire de Paris et de l'Ile de France* ; elle est accompagnée d'une intéressante notice explicative.
>
> Ce qui ajoute considérablement à l'intérêt de ce volume, c'est qu'il est accompagné d'un plan des plus intéressants de la ville de Paris et de ses environs. Ce plan, qui mesure 55 cent. sur 40, a été gravé à l'eau-forte en 1591, à Rome, par *Natal Bonifatio* de Sibenicco ; il fournit de nombreux et exacts renseignements sur l'état de Paris à cette époque, et est de la plus grande rareté. Il a été seulement mis en lumière en 1876 par M. Franklin qui l'a décrit pp. 398-402 du tome 2 des *Mémoires de la Société de l'Histoire de Paris ;* sa notice est accompagnée d'une reproduction. La plupart des exemplaires du livre de Pigafetta sont incomplets de ce plan.
>
> Très bel exemplaire avec le plan en parfait état.

79. EL NUOVO ET VERISSIMO discorso delle cose piu signalate,

seguite nell' assedio della incomparabile citta di Parigi.
Dal Signor G. B. M. *In Lione, 1594, nel mese di Gennaio,*
in-4 de 38 ff., cart.

> Cette *Relation*, qui n'a pas encore été traduite ni rééditée, est de Girard le
> Ferrarais, dont le nom se lit à la fin d'un *Sonnet* en français, f. 38 r°. Écrit par
> un ennemi de Henri IV, ce Discours renferme une vive critique des actions de
> ce roi, sous Paris. M. A. Dufour qui l'a cité (*Mémoires de la Société de
> Paris*, II, p. 7), donne la traduction d'un passage particulièrement intéressant.
> Cet exemplaire renferme un curieux plan de Paris, gravé sur cuivre, mesurant
> 24 cent. sur 16, copie de celui de *Mathieu Mérian*. Ce plan n'a pas été cité par
> M. Bonnardot dans ses *Études sur les anciens plans de Paris*.
> Bel exemplaire de ce très rare volume.

80. Réglement que Monseigneur le duc de Mayenne a ordonné
estre observé en ceste ville de Paris pendant la trève générale.
Paris, F. Morel, 1593, in-12, mar. rouge, fil., tr. dor.

> Dans le même volume : La Resjouyssance des Compagnies qui auroyent faict
> monstre estans armez à Grenelle près de Paris, in-12.

81. Edict et déclaration du Roy (Henri IV) sur la réduction de
la ville de Paris, soubs son obeyssance. *A Paris, par Federic
Morel*, 1594, in-8 de 24 pp., mar. vert jans., tr. dor. (*Chambolle-Duru.*)

82. Recueil de pièces sur les règnes de Henri III et de Henri IV.
En un vol. pet. in-8, demi-rel.

> Edit et Declaration du Roy, sur la réduction de la ville de Paris, sous son
> obeyssance, 1594. — Harangue faite par Henri III à l'ouverture des États-
> Généraux de Blois, 1588. — Advertissement au Roy, Charles de Bourbon, dixiesme
> de ce nom, par J. Baron. *Paris*, 1589. — Reponse de D. Bernard, doyen de
> l'oratoire de St-Bernard des Feuillantines à une lettre de Henry de Valois, 1589.
> — Panegyric de Henry IIII, traduit du latin de Monanthueil, 1594. — Discours
> sur la blessure du Roy, 1595. — Sermon funèbre fait aux obsèques de Henri IIII,
> dans l'église St.-Jacques la Boucherie, par Jacques Suarès, 1610.

83. Histoire prodigieuse, d'un gentilhomme auquel le Diable
s'est apparu, et avec lequel il a conversé, soubs le corps d'une
femme morte. Advenuë à Paris le premier de Janvier 1613.
Paris, Fr. du Carroy, 1613, pet. in-8 de 15 pp., *dérelié.*

84. Discours véritable des propos tenus entre deux Marchandes
du Palais estant aux etuves, pres S. Nicolas des Champs, le
mardy dixiesme de Juin 1614, sur le retour de Messieurs
les Princes à la Cour. *Paris, impr. d'Ant. du Brueil,*

1614, pet. in-8 de 15 pp., mar. rouge, double rangée de fil., tr. dor.

> Le retour des Princes réjouit amplement la lingère et la mercière, qui depuis longtemps voient sans chalands leur boutique et leur arrière-boutique.

85. Les Signes et prodiges, apparus sur la ville de Paris, Sainct Denys, et autres lieux, le soir du Dimanche 12me Septembre 1621. Ensemble les divers jugemens décertez (*sic*) sur ce mesme sujet. *Lyon*, 1621, in-8 de 8 ff., *en feuilles*.

86. Histoire de Paris sous le règne de Louis XIV. 8 vol. in-4, cart. et *déreliés*.

> Passion des bourgeois de Paris pour le retour de Sa Majesté. 1648 — Contribution d'un bourgeois de Paris. 1649. — Conseil donné de la part de tous les Bourgeois de Paris au duc de Beaufort. 1649. — Remerciemens des Bourgeois de Paris à Mademoiselle pour avoir procuré la paix. 1649. — Remerciement au roy et à la reyne regente par les Bourgeois de Paris, sur le bon traitement qu'ils ont reçu à Saint-Germain. 1649. — Requeste des dames bourgeoises de Paris à la Reine. 1649. — Hist. d'un bourgeois cruellement martyrisé par les Juifs de la Synagogue. 1652.

87. Entrée de Louis XIV à Paris. *Paris*, 1649, 5 vol. in-4, dont 4 cart.

> Le Retour désiré de Louis XIIII à Paris. — L'Entrée pompeuse et magnifique de Louis XIV à Paris. — La Magnifique entrée de la Paix, ou les superbes portiques et arcs de triomphe préparez à Paris. — La Resjouissance publique au retour du Roy à Paris. — Le Triomphe Royal et la réjouissance des bons François sur le retour du Roy, de la Reyne, avec la harangue qui leur a été faite.

88. Union de la Ville de Paris avec S. A. R. (Gaston d'Orléans) et Mgr. le Prince (de Condé). *Paris, veuve Guillemot*, 1652, placard in-4.

89. La Triomphante et mémorable entrée du roy (Louis XIV) et de la reyne dans leur bonne ville de Paris le 26 aoust 1660. *Paris, Nic. Berey*, 1661, in-fol., *en feuilles*.

> Suite de quatre estampes de *N. Cochin* donnant tout l'ensemble du cortège qui présente en gravure un développement de 12 mètres environ.
> Cette estampe est accompagnée d'un texte français et latin, par J. Colletet et F. Nicolaï, imprimé sur 2 feuilles.

90. La Triomphante entrée du Roy. *Paris, Berey*, 1661, in-fol., *en feuille*.

> Autre exemplaire dans lequel les planches et le texte ont été rassemblés en une seule feuille. Déchirures dans le texte.

91. Paris sous la Révolution. 5 vol. in-8, demi-rel., cart. et *brochés.*

Confédération nationale ou récit exact de tout ce qui s'est passé à Paris, le 14 juillet 1790. *Paris,* 1794, fig. — Coup d'œil sur Paris, suivi de la nuit du 2 au 3 septembre (1792). *Paris,* 1795. — Les Travailleurs de septembre 1792, par H. de Viel-Castel. *Paris,* 1862. — Paris pendant la Révolution, par Ad. Schmidt. *Paris,* 1880-1885 (Tomes I et II).

92. Paris pendant la Révolution, 66 estampes in-fol. *en feuilles.*

Estampes relatives à la prise de la Bastille, à la fête de la Fédération, à la journée du 10 août, etc.

On y remarque la suite des *Journées mémorables de la Révolution de Monnet ;* la *Galerie historique ou tableaux des événements de la Révolution française,* suite de 8 estampes avec 124 sujets en médaillon par *Maillart* et *Jacowick ;* plusieurs estampes en couleur sur la fête de la Fédération, dont celles de *Janinet,* de *Chapuy* et de *Sergent;* la Prise de la Bastille, par *Germain;* le Rappel de Necker par *Gaucher;* l'Ouverture des États Généraux par *Moreau,* épreuve AVANT LA LETTRE ; la Constitution de l'Assemblée par *Moreau,* épreuve avant les noms ; la Fuite de Louis XVI, le Club des Feuillants, les Massacres de Septembre, etc.

93. Paris sous la Révolution, 26 estampes in-4, *en feuilles.*

Collection principalement composée de pièces gravées en couleur et de forme ovale.

1° Portraits de Louis XVI et de Lafayette en couleur.

2° Le Prince de Lambesc aux Tuileries, estampe gravée en couleur par *Guyot,* 3 épreuves dont une AVANT LA LETTRE.

3° Attaque de la Bastille, démolition de la Bastille, 3 pièces en couleur par *Guyot.*

4° Décoration de la Bastille, des Champs-Elysées, de l'Hôtel-de-Ville, de la statue d'Henri IV le 14 juillet 1790, etc., 6 pièces en couleur.

5° Arrivée des femmes à Versailles. Arrivée du roi à Paris, le 6 octobre 1789, 2 pièces en couleur par *Guyot,* etc.

94. Gravures historiques des principaux événemens depuis l'ouverture des Etats généraux de 1789. *A Paris, chez Janinet et Cussac,* 1789, in-8, *en feuilles.*

Titre et 51 planches gravées à la manière du lavis par *Janinet.*

95. Feu d'artifice à l'arc de triomphe de l'Etoile (à l'occasion du mariage de Napoléon Ier). *Paris,* 1810, in-fol. en largeur.

Estampe dessinée et gravée en couleur par *Debucourt.*

96. Paris pendant le siège. — Paris sous la Commune. — Paris incendié. — Les Femmes de Paris pendant le siège. — Les Marins. Notes et eaux-fortes par Martial. *Paris, Cadart,*

1871-1872, 5 séries en un vol. in-fol., demi-rel. dos et coins de mar. rouge, tête dor., éb. (*Petit.*)

64 eaux-fortes avec texte gravé dans les marges par *Martial.*

97. Les Convulsions de Paris, par Maxime Du Camp. *Paris, Hachette et Cie*, 1879-1880, 4 vol. in-8, cart., *non rognés.*

II. — HISTOIRE TOPOGRAPHIQUE ET MONUMENTALE

1. — *Topographie. — Agrandissements. Embellissements.*

98. Mémoire historique et critique sur la Topographie de Paris (par P. Bouquet). On y fait la critique de l'histoire de l'emplacement de l'ancien Hôtel de Soissons, par M. Terrasson, et de sa dissertation sur l'Enceinte de la ville par Philippe-Auguste, etc. *Paris, Lottin,* 1771, in-4. — Réfutation d'un mémoire prétendu historique et critique sur la Topographie de Paris, composée par M. Terrasson. *Paris,* 1772, in-4. Ens. 2 vol in-4, *brochés.*

On y joint : Mélanges d'histoire et de littérature par M. Terrasson. (*Paris*, 1768, in-12, veau) qui contiennent l'Histoire de l'emplacement de l'hôtel de Soissons et la Dissertation sur l'enceinte de Paris.

99. Accroissement de Paris, 6 vol. in-4 et in-8.

Histoire des agrandissements de Paris, par A. Descauriet, *Paris*, 1860, in-8, demi-rel. — Fondation et accroissement de Paris, de Jules César à Louis XV, par le même, in-4, demi-rel. — Observations sur l'origine et l'accroissement de Paris, par M. L. D. Vaugondy (1790), in-8, demi-rel. — Mémoire sur les différents accroissements de Paris, par de Vaugondy, *Paris*, 1760, in-8, plan, *broché.* — Parachèvement de la clôture et adjonction à la ville de Paris des fauxbourgs Sainct-Honoré, Montmartre et de la Villeneufve. *Paris*, 1634, in-4. — Conseil municipal de la Villette. Projet d'extension de la ville de Paris jusqu'aux fortifications, 1859, in-4, demi-rel.

100. Projet des Embelissemens de la Ville et Fauxbourgs de Paris, par M. Poncet de la Grave. *Paris, Duchesne,* 1756, 3 vol. in-12, front., veau, dos orné, dent. (*Rel. anc.*)

Exemplaire aux armes de Charles-Louis de MERLES DE BEAUCHAMP et de sa femme Anne-Marie PEYRENC DE MORAS.

101. Le Citoyen désintéressé, ou diverses idées patriotiques, concernant quelques établissemens et embellissemens utiles à la ville de Paris. Par MM. Dussausoy. *Paris, Gueffier,* 1767-1768, 2 vol. in-8, front. et plans, veau marbré, dos orné, tr. dor. (*Rel. anc.*)

Aux armes de Berthier de Sauvigny.
On y joint un exemplaire du même ouvrage, édition différente publiée sous la même date.

102. Embellissements de Paris, 8 pièces in-4, demi-rel. et déreliées.

Déclaration concernant les alignements et ouvertures des Rues de Paris. 1783. — Arrêt concernant la perfection et les alignements des Boulevards. 1781. — Acquisition de maisons pour l'élargissement de Rues, et de nouvelles communications dans les Halles de Paris. 1785. — Alignement de la rue de la Rochefoucauld. 1822. — Ordonnance concernant l'ouverture de nouvelles Rues. 1779. — Ouverture de la rue du Colisée. 1779. — Ouverture de nouvelles Rues sur l'emplacement de l'ancien couvent des Capucins, faub. St-Jacques, 1786.

2. — *Plans généraux, plans de quartiers et plans particuliers.*

103. Études archéologiques sur les anciens Plans de Paris des XVIᵉ, XVIIᵉ et XVIIIᵉ siècles, par A. Bonnardot. *Paris, Deflorenne,* 1851, in-4, fig., demi-rel. dos et coins de mar. rouge, éb.

Tiré à 200 exemplaires. Le même volume renferme : *Dissertations archéologiques sur les anciennes enceintes de Paris, par A. Bonnardot.* Paris, 1852, in-4, fig.

104. Histoire générale de Paris. Atlas des anciens plans de Paris. Reproduction en fac-simile des originaux les plus rares et les plus intéressants pour l'histoire de la topographie parisienne. *Paris, Impr. nationale,* 1880, gr. in-fol., demi-rel. dos et coins de mar. rouge, tête dor., *non rogné. (Petit.)*

Trente-trois plans reproduits en héliogravure tirés sur 60 feuilles.

105. Plans de Paris aux XVIᵉ et XVIIᵉ siècles, in-fol., *en feuilles.*

1° Deux plans gravés sur bois par *Hans Deutsch,* extraits de la *Cosmographie* de Munster; les légendes sont différentes. Avec texte imprimé au verso.
2° Plan gravé en taille-douce en *Hollande,* vers 1650.
3° Plan de Paris gravé en taille-douce, publié en *Hollande* en 1654.

4° Plan de Paris publié par *Beaurain*, vers 1700.
5° Plan de Paris publié par *Roussel*, en 1717.
Ensemble six plans.

106. Plans de Paris aux XVIIIe et XIXe siècles, in-fol., *en feuilles*.

1° Plan de Paris, par *Le Rouge*, 1748.
2° Plan de Paris, par *R. de Vaugondy*, 1760.
3° Plan de Paris en 1779, (extrait du *Dictionnaire de Paris* de Hurtaut).
4° Plan de Paris pour servir au Provincial, gravé par *Moithey* en 4 feuilles, vers 1780.
5° Le même plan réduit en une feuille.
6° Plan de Paris, par *Picquet*, 1816.
7° Plan pour le service militaire de Paris, par *Blot*, 1833.

107. Plans généraux et particuliers de Paris. 22 estampes et dessins in-fol., *en feuilles*.

1° Plan de Paris dit de *Du Cerceau*, copie de *Dheulland*.
2° Plan de la Convention, 1793. (Quartier du Louvre).
3° Plan du marché St-Antoine.
4° Plan du quartier du Palais-Royal, 1772.
5° Plan du parvis et du quartier Notre-Dame. Dessin du siècle dernier avec l'indication des acquisitions à faire pour le dégagement de l'Hôtel-Dieu.
6° Plan d'une partie du jardin de Bagatelle, dessin à l'aquarelle.
7° Plan de l'emplacement du Collège d'Harcourt, dessin lavé, etc. etc.

108. PLAN DE L'UNIVERSITÉ et d'une partie de la Cité de Paris, dessin à la gouache d'après le Plan de Tapisserie. En un vol. gr. in-fol., demi-rel.

Parmi les anciens plans de Paris celui exécuté en tapisserie au XVIe siècle, vers 1540, est un des plus curieux qui soient connus. La tapisserie originale fut longtemps conservée à l'Hôtel-de-Ville, elle a disparu depuis cent ans et on n'a eu que le siècle pour la faire connaître, qu'un grand dessin à la gouache exécuté au siècle dernier, dessin qui a été lui-même détruit en mai 1871, après avoir été photographié.

Le présent volume renferme un autre dessin à la gouache et à la plume fort bien exécuté au dernier siècle, d'après la tapisserie originale qu'il reproduit dans tous ses détails. Ce dessin se compose de 9 grandes feuilles qui, réunies, couvrent une surface de 2 m. 88 cent. de hauteur et 1 m. 46 en largeur. Ces feuilles assemblées comprennent tout le quartier de l'Université et une partie de la Cité, limitée par une ligne droite qui passe par l'extrémité de l'île Louviers et le pied de la Tour de Nesle. Comme ce plan est entouré d'une large bordure exécutée à l'époque, il est probable que le reste de la Tapisserie n'a pas été copié.

Le haut du dessin est orné des deux écussons de la ville de Paris et de celui aux armes inconnues qui se trouvaient sur la tapisserie. On a également dessiné dans le bas, sur l'emplacement de St-Germain-des-Prés un grand écusson entouré d'une bordure formée de fleurs et de fruits, écusson qui est resté vide.

109. PREMIER [ET SECOND] TOME DES CHRONIQUES et gestes admirables des Empereurs, avec les effigies d'iceux. Mis en fran-

çois par Guillaume Guéroult. *Lyon, Balthazar Arnoullet,*
1552, 2 tomes en un vol. in-4, portr., veau, fil. à froid.
(*Rel. anc.*)

Ce volume est orné de 3 grandes planches qui se déplient, gravées sur bois,
représentant Rome, Constantinople et Paris. Ce dernier plan est des plus
importants, car il est le premier de cette ville qui ait été gravé. Il est au moins
contemporain du plan de *Truschet et Hoyau.*

Ce plan qui a été copié dans la *Cosmographie de Munster* en 1550, se retrouve
en tirage original dans deux volumes publiés à Lyon : l'*Epitome de la Chorogra-
phie d'Europe* de G. Guéroult, 1553, et dans les *Plans, Portraits et Descriptions
de plusieurs villes* de Du Pinet ; Lyon, 1564. (Voy. le N° suivant).

Ce plan porte dans le bas à droite, non loin de l'hôtel de Nesle, les lettres
S. A. qui ont été parfois considérées comme les initiales du graveur *Sébastien
Arnoullet.* Nous supposons plutôt que ces lettres désignent l'église des
Saints-Augustins près de laquelle elles sont placées.

Bel exemplaire dans sa première reliure.

110. Plantz, pourtraitz et descriptions de plusieurs villes et
forteresses, tant de l'Europe, Asie et Afrique, que des Indes,
et terres neuves. Leurs fondations, antiquitez et manieres de
vivre. Avec plusieurs cartes générales, le tout mis par ordre
par Ant. du Pinet. *Lyon, Jean d'Ogerolles,* 1564, in-fol.
réglé, veau.

Ouvrage des plus importants au point de vue topographique. Il est orné de
nombreuses planches représentant des plans et vues des principales villes
d'Europe : Paris, Londres, Lyon, Venise, Bordeaux, Genève, Trèves, Tours,
Florence, Rome, etc., etc.

Le plan de Paris contenu dans ce volume est le premier plan de cette ville
qui ait été gravé. (Voy. le N° précédent).

Le même volume contient : *Nouvelles inventions pour bien bastir et à petits
fraiz, trouvées naguères par Ph. de L'Orme.* Paris, 1561, in-fol., pl.

111. La Ville, Cité et Université de Paris (Plan de Paris
sous Henri II, dit Plan de Saint-Victor, gravé par J. A. Du
Cerceau). *S. l. n. d. (Paris, vers* 1555), gr. in-fol., *en
feuille.*

Ce plan de Paris, gravé vers 1555, est d'une rareté extrème ; il paraît avoir été
fait sur un plan officiel dressé vers 1550, qui a également servi de modèle au
grand plan de *Truschet.*

L'attribution à *Du Cerceau* de la gravure de ce plan fut émise pour la première
fois par M. Bonnardot dans ses *Études sur les anciens plans de Paris,* en 1851.
Cette attribution a été contestée par M. J. Cousin dans le *Bulletin de la Société
de l'Histoire de Paris,* année 1876, pp. 26-30. Depuis, le plan a été catalogué par
M. de Geymüller, comme étant bien de *Du Cerceau* et sa notice est accompagnée
de cette note de M. Destailleur : « Quant au doute qu'il (M. Bonnardot) émet
sur l'auteur, il ne peut exister pour les personnes qui ont étudié l'œuvre de
Du Cerceau ».

D'après M. Marcuse (*Bulletin de la Société de l'Histoire de Paris*, 1877, p. 168), 3 exemplaires seulement seraient connus de ce plan :

1° Celui de la Bibliothèque Nationale, provenant des bibliothèques de St-Victor, du comte d'Artois et de l'Arsenal.

2° Celui de la Bibliothèque de la ville, au musée Carnavalet.

3° Celui-ci. Un 4° fut détruit à l'Hôtel-de-Ville en mai 1871.

Le plan se compose de 4 feuilles qui sont ici réunies et mesurent ensemble 66 cent. de hauteur sur 79 cent. de largeur.

Belle épreuve doublée avec marges.

112. La Ville, Cité, Université et Fauxbourgs de Paris. *S. l. n. d.* (*Lyon, vers* 1575), in-fol., *en feuille.*

Joli plan gravé sur bois par *Cruche*, artiste lyonnais de l'école de *Bernard Salomon*. Il se trouve inséré dans la *Cosmographie* de Belleforest.

113. Parigi. Plan de Paris gravé à l'eau-forte par un artiste italien, *S. l.* (*Venetia*), *appresso Ferrado Bertelli, s. d.*, in-4, *en feuille.*

Plan exécuté dans la seconde moitié du XVIe siècle.

114. La Nobilissima et grande Citta di Parigi. *S. l. n. d.* (*Sienne, vers* 1580), in-fol., *en feuille.*

Plan gravé sur cuivre par *Matteo Florini*, d'une assez grande inexactitude. Ce tirage est différent de celui décrit par Bonnardot, p. 67. Il existe aussi avec le nom de *Donato Rascicotti*.

115. Warhaftige contrafactur der grosen drifachen stat Paris. *Zu Nürnberg, bey Balthasar Jenichen, kupfferdrucker, s. d.* (*vers* 1605), in-fol., *en feuille.*

Plan gravé sur bois assez grossièrement ; il est accompagné du portrait de Henri IV et de ses armoiries gravés sur bois. Il mesure environ 30 cent. de haut et 38 cent. de largeur, non compris une explication imprimée en caractères gothiques sur 3 colonnes.

116. Le Plan de la Ville, Cité et Univercité (*sic*) et fauxbourgs de Paris. *A Paris, chez Nic. Berey*, 1641, in-fol., *en feuille.*

Plan très grossier accompagné des portraits de Louis XIII, d'Anne d'Autriche, du Dauphin et du duc d'Anjou.

117. Plan de Paris vers 1650, in-fol., *en feuille.*

Plan très curieux exécuté en grande partie à l'aide des anciennes planches dont la gravure est attribuée à *Du Cerceau*. Des parties nouvelles et de nombreuses retouches et additions ont permis d'obtenir une nouvelle estampe qui donne une image assez peu fidèle de Paris vers le milieu du XVIIe siècle.

Ce plan tiré sur sept feuilles mesure 66 cent. de hauteur sur 81 cent. de largeur.

Il a été bien décrit par M. Bonnardot dans ses *Études sur les plans de Paris*, pp. 111-114, d'après cette épreuve qui a été signalée comme unique lors de la vente des estampes de M. Bonnardot en 1888.

118. LUTETIA-PARIS. Plan de Paris levé vers 1649 par Jacques Gomboust. *Paris*, 1652, gr. in-fol., *en feuille*.

Ce plan, un des plus exacts et des plus remarquables de l'ancien Paris, se compose de 9 feuilles qui, réunies, mesurent 1 m. 30 cent. de hauteur sur 1 m. 43 cent. de largeur. Il est compris dans une bordure de feuillages et porte dans les angles diverses vues de Paris et des environs.

La gravure de ce plan a été attribuée à *A. Bosse* par M. Destailleur.

Très bel exemplaire en parfait état. Extrêmement rare.

On y joint 9 vues de châteaux qui ornent une bordure particulière de ce plan lorsqu'il est collé sur toile.

119. Plan de Paris de Gomboust, gravé en fac-simile par E. Lebel et publié par la Société des Bibliophiles. *Paris*, 1856, in-fol., *en feuilles*.

Comprend 11 feuilles dont le tableau d'assemblage et les bordures. Exemplaire imprimé sur PEAU DE VÉLIN, avec des remarques d'artiste dans les marges.

On y joint : P. Paris, *Notice sur le plan de Paris de J. Gomboust*. Paris, 1858, in-12, *broché*.

120. Plan de la ville, citté et université et fauxbourgs de Paris. *A Paris, chez Philippe Huart*, 1657, in-fol., *en feuille*.

Sur les côtés et dans le bas, les portraits des Rois de France jusqu'à Louis XIV.

121. PLAN DE PARIS, levé par les ordres du Roy et par les soins de MM. les prévost des marchands et échevins en l'année 1676, par le sieur Bullet, souz la conduite de M. Blondel, maréchal de camp. Contenant l'estat présent de la ville de Paris et les ouvrages qui ont été commencez par les ordres du Roy et qui peuvent être continuez pour la commodité publique. *Paris, Blondel, achevé d'imprimer pour la première fois le 8 aoust* 1676, in-fol., demi-rel. dos et coins de vélin.

Ce plan comprend 12 feuilles assemblées en 4 morceaux. Il a été gravé en taille-douce par *De La Boissière* et est très important pour la topographie de Paris sous Louis XIV.

Le même volume contient : *Plan de Paris, levé... par le Sr Bullet... contenant l'estat présent de la ville de Paris... divisée en ses vingt quartiers, le tout reveu et augmenté par le Sr Jaillot le fils, géographe*. 1710. A Paris, chez Jaillot, 12 feuilles assemblées en quatre morceaux.

Ce plan est une réimpression de celui de *Bullet* avec de nombreuses modifications ; les plans des terrains avoisinant les Boulevards sont indiqués.

122. PARIS ET SES ENVIRONS par M. Jouvin de Rochefort, trésorier de France. *A Paris, sur le Quay de l'Horloge, s. d. (vers* 1690), in-fol., demi-rel.

Grand plan de Jouvin de Rochefort, d'une rareté extrême. Il se compose de

9 feuilles qui ont été réunies en 3 morceaux. Ce plan a été gravé en taille-douce par *François de La Pointe*, les édifices et les ornements par *P. Brissart*, les inscriptions par *Jaqueline Panouze*.

Cette édition n'est pas la première du plan de Jouvin de Rochefort, qui vit le jour pour la première fois vers 1672.

Ce même volume contient :

1º *Paris et ses environs, dressé sur les dessins de M. Jouvin de Rochefort par N. de Fer.* Paris, 1714, in-fol.

Ce plan est le même que celui qui précède en 9 feuilles, corrigé et rajeuni.

2º Plan de Paris. *Amsteldam, Gedruckt by Justus Danhhers, (vers 1675),* 2 feuilles in-fol. obl.

Copie gravée à l'eau-forte de la première édition du plan de *Jouvin de Rochefort*, mesurant 95 cent. de hauteur sur 108 cent. de largeur.

3º *Lutetiæ Parisiorum Universæ Galliæ metropolis novissima et accuratissima delineatio per Joannem de Ram.* Amsterdam, chez Jean de Ram, vers 1680.

Ce plan gravé d'après celui de Jouvin de Rochefort mesure 50 cent. de hauteur sur 58 cent. de largeur. Dans un coin de l'estampe le monogramme du graveur.

123. Lutetiæ Parisiorum universæ Galliæ metropolis novissima et accuratissima delineatio per Jacobum de la Feuille. *Amsterdam, chez J. de La Feuille, s. d. (vers 1675), in-fol., en feuille.*

Plan gravé sur cuivre exécuté d'après celui de Jouvin de Rochefort. Cette même estampe a été publiée avec le nom de *Jean de Ram* remplaçant celui de *La Feuille.* (Voy. nº 122).

124. Lutetia-Paris. (Plan) présenté à M. G. N. de La Reynie... par J. F. Jollain. *Se vend à Paris (vers 1685), chez Jollain,* in-fol., demi-rel. dos et coins de mar. rouge.

Ce plan gravé sur cuivre vers 1685, se compose de 12 feuilles qui, réunies, mesurent ensemble 144 cent. sur 146.

Dans un des angles : *Le Profil de Paris* et sur un des côtés la *Carte de la banlieue et environs de Paris.*

125. Description de la ville et des fauxbourgs de Paris en vingt planches dont chacune représente un des vingt quartiers suivant la division qui en a esté faite par la déclaration du roy du 12 décembre 1702. *Paris, J. de la Caille,* 1714, in-fol. réglé, mar. vert, dos orné, fil., tr. dor. (*Rel. anc.*)

Plan dit de La Caille. Orné de 3 en-têtes (vues de Paris) gravés par *Boudan* et de 22 plans des divers quartiers, gravés par *Scotin, Lucas,* etc., avec un texte explicatif très développé. A la suite on a relié les 8 plans de Paris extraits du *Traité de la Police* de Delamare.

126. Plan de Paris commencé l'année 1734. Dessiné et gravé, sous les ordres de Messire Michel Etienne Turgot, levé et dessiné par Louis Bretez, gravé par Claude Lucas, écrit par Aubin. *Paris,* 1739, in-fol., mar. rouge, dos orné, fil., tr. dor. (*Rel. anc.*)

Ce plan se compose de 20 feuilles et d'un tableau d'assemblage.
Belle reliure aux armes de la VILLE DE PARIS.

127. Nouveau plan de Paris et ses nouvelles limites, comme aussi les vues des maisons roïales, châteaux et autres édifices tant dedans la ville qu'aux environs. Avec ses differents accroissements... dressé par Crépy. *A Paris, chez les frères Crépy,* 1739, gr. in-fol., *en feuille.*

Ce plan tiré sur 4 feuilles mesure 1 mètre de hauteur et 1 m. 44 cent. de largeur. Il est accompagné en bordure de 4 plans de Paris à différentes époques, de 31 vues de monuments de Paris et des environs et de légendes explicatives.

128. CARTES ET PLANS DE PARIS et des environs par l'abbé Delagrive. En un vol. in-fol., mar. rouge, dos orné, fil., tr. dor. (*Rel. anc.*)

Recueil factice formé au XVIIIe siècle, comprenant :

1° *Environs de Paris,* 10 feuilles y compris une petite carte d'assemblage. Plan gravé en 1740, accompagné d'une table manuscrite des lieux cités.

2° Quatre plans particuliers de Versailles, Marly, St-Cloud.

3° Petit plan de Paris, gravé en 1740.

4° Plan de Paris publié en 1756.

5° Plan de Paris, publié en 1737 (avait déjà été publié en 1735).

6° Plans détaillés de la Cité, de l'Ile St-Louis, du carrefour de Bussy (sic), du quartier Ste-Geneviève, de l'esplanade des Tuileries, du quartier de la Monnaie, de la Place Louis XV, 8 feuilles.

7° 3 plans divers.

Ensemble 28 planches par *Delagrive.*

Le même volume contient :

I. Le plan de Paris, dit de tapisserie, (ou mieux d'après le plan attribué à *Du Cerceau*), gravé par *Dheulland.*

II. Plan de la paroisse St-Germain, par *Faure,* 1739.

III. Nouveau plan de l'égout de Paris, depuis le pont aux choux, jusqu'à la Savonnerie, en 1738. Grand dessin à la plume lavé d'aquarelle, mesurant 1 m. 10 de longueur et 36 cent. de hauteur.

IV. Vue de la colonne de l'hôtel de Soissons.

Ce volume est dans une bonne reliure aux armes de la VILLE DE PARIS.

129. Distribution de la ville de Paris et de ses fauxbourgs, en seize quartiers, par ordonnance de M[rs] les Prévôt des marchands et échevins du 24 février 1744. *Paris, impr. Le Mercier,* 1744, in-fol., veau.

Le volume est accompagné d'un *Plan de Paris divisé en 16 quartiers,* levé par l'abbé Delagrive.

Exemplaire parafé et signé par le greffier de la ville de Paris, J.-B. Taitbout, et par l'huissier Jean Balige ; remis à J. O. Boutray, quartinier du neuvième quartier de Paris.

130. Plan topographique et raisonné de Paris. Dédié et présenté à Monseigneur le duc de Chevreuse, par les Srs Pasquier et Denis, graveurs. *A Paris, chez Pasquier*, 1758, in-12, veau.

> Ce volume, entièrement gravé, renferme 3 plans de Paris et des environs et 40 plans de quartiers. Il est orné en outre de 12 jolis petits en-têtes ou culs-de-lampe représentant des vues de Paris, dessinés et gravés par *Pasquier*.
> Première édition. Rare.

131. Tablettes parisiennes, qui contiennent le Plan de la Ville et des Faubourgs de Paris, divisé en vingt quartiers avec une dissertation sur ses agrandissements, et une table alphabétique pour trouver les rues, quais, etc., par Robert de Vaugondy. *A Paris, chez l'Auteur*, 1760, in-8, veau.

> Titre gravé, plan général de Paris et 10 plans de quartiers y compris celui de l'Ecole Militaire.

132. Conducteur fidèle ou Plan topographique, historique, chronologique de Paris. *Paris, Desventes de la Doue*, 1769, in-24, titre gravé et plans, mar. rouge, dos orné, fil., tr. dor. *(Rel. anc.)*

> Plan général de Paris et 24 plans de quartier par *L. Denis*.

133. Plan de la Ville et Fauxbourgs de Paris, divisé en vingt quartiers. Par Deharme, topographe du Roi. *A Paris, chez l'auteur*, 1770, in-4, pl., veau, fil., tr. dor.

> Ce plan est composé d'un titre gravé, d'un tableau d'assemblage, de 34 plans séparés et de 14 feuilles gravées pour la table des rues, quais, marchés, hôtels, couvents, collèges, boîtes aux lettres, etc.
> Quatre figures par *Gravelot* et *Saint-Aubin* ajoutées.

134. Plan historique de la ville et fauxbourgs de Paris, son accroissement depuis Philippe-Auguste jusqu'au règne de Louis XV, par Moithey Ing^r géog^e. *A Paris, chez Moithey*, 1774, gr. in-fol., *en feuille*.

> Ce plan en neuf feuilles mesure 1 m. 12 cent. de haut. et 1 m. 46 de largeur.
> Il est entouré d'une bordure avec 24 vues de monuments, 3 plans de Paris à diverses époques et un grand cartouche ornementé contenant le titre.

135. Plan de la ville de Paris et de ses faubourgs, par Lattré. *Paris*, 1792, in-fol., *en feuille*.

> Épreuve bien coloriée.
> Dans un des angles, le titre dans un écusson gravé par *P. P. Choffard*, avec les armoiries des prévôt et échevins de la ville en l'année 1782, date approximative de la gravure de ce plan.

136. Nouveau plan routier de la ville et faubourgs de Paris, divisé en 48 sections d'après le décret de l'Assemblée. *Paris, Esnauts et Rapilly*, 1794, in-fol., *en feuille*.

> Plan antérieur à la Révolution sur lequel on a fait un certain nombre de modifications aux noms des rues et des places ; mais on y voit encore indiqué : le Jardin du roi, le Palais-Bourbon, le quai Dauphin, etc.
> Les plans de cette époque sont fort rares.

137. Atlas du plan général de la Ville de Paris, levé géométriquement par le C^en Verniquet. Dessiné et gravé par les C^ens Bartholomé et Mathieu. *Paris, an IV* (1796), in-fol., demi-rel.

> Ce plan, un des plus importants et des plus exacts de la ville de Paris, se compose de 72 feuilles, de 66 cent. sur 44.

138. Plan de la ville et faubourg (sic) de Paris divisé en douze municipalités. *S. l. n. d. (Paris, vers* 1796), in-fol., *en feuille*.

> Dessin original à la plume lavé d'aquarelle mesurant 63 cent. de hauteur et 85 cent. de largeur. Le titre est contenu dans un cartouche orné.
> Parmi les noms des rues et places, nous remarquons la *Place de la Révolution*, le *Palais Egalité*, *Place des Fédérés*, *Pont de la Révolution*, etc.
> Dans un des angles, l'indication du lieu des séances des douze municipalités.

139. Nouveau plan routier de la ville et faubourgs de Paris, avec ses principaux édifices et ses nouvelles barrières, par M. Pichon, ingénieur-géographe. *Paris, Esnauts et Rapilly*, 1797, gr. in-fol., *en feuille*.

> Nouveau tirage d'un plan publié en 1780 et 1784. Il n'a été fait aucune modification, pas même au nom des rues.
> Ce plan, gravé par *Glot*, mesure 1 m. 12 c. de haut. sur 1 m. 42 c. de largeur.
> La bordure contient 28 vues de monuments. Cartouche autour du titre gravé par *Voysard*.

140. Plan de la ville de Paris et de ses faubourgs, divisée en 12 mairies. *A Paris, chez Jean*, 1801, gr. in-fol., *en feuille*.

> Ce plan qui mesure 1 mètre de hauteur sur 140 cent. de largeur est un nouveau tirage du plan de *Jaillot* de 1748.
> Il est accompagné d'une carte des environs de Paris, par *Bourgoin*, d'une carte de France, de la liste des rues de Paris et de 2 cartouches, dont celui de gauche contenant le titre porte la signature d'*Aveline*.

141. Plan de la ville de Paris dressé géométriquement d'après celui de la Grive, avec ses changements et augmentations, par Maire. *Paris, chez l'auteur, an XII* (1804), in-4, veau marbré, tr. dor.

> Exemplaire dont les 20 planches ont été soigneusement coloriées au lavis.

142. La Topographie de Paris, ou plan détaillé de la ville de Paris et de ses faubourgs, par Maire. *Paris, chez l'auteur,* 1808, in-8, cart.

> Plan général de Paris et 20 plans de quartier. — Tables des rues, places, édifices, etc.
> On y joint : le *Plan de Maire,* édition de 1804, et la *Topographie de Paris* du même, édition de 1813.

143. Plan détaillé de la ville de Paris, dressé géométriquement à l'échelle d'un millimètre pour mètre, par Ph. Vasserot et J. H. Bellanger. Et comprenant la division de toutes les propriétés avec le numéro que porte chacune d'elles, etc. *Paris,* 1827-1836, gr. in-fol., demi-rel. dos et coins de mar. rouge. (*Petit.*)

> Ce plan était divisé d'après les 48 quartiers de la Ville de Paris ; il n'a pas été achevé et comprend seulement 37 quartiers formant ici 89 feuilles, les unes simples, les autres de double format.
> Ces feuilles sont lavées à l'aquarelle.

144. Atlas général de la ville, des faubourgs et des monuments de Paris, par Th. Jacoubet, architecte, gravé par V. Bonnet. *Paris,* 1836, in-plano, cartonné.

> Plan en 54 feuilles mesurant chacune 61 cent. de hauteur et 49 cent. de largeur.

---

145. Nouveau plan de la paroisse royale de St-Germain l'Auxerrois en IX quartiers, rédigé sous les yeux de M. Ringard curé, par M. Moithey, ingénieur géographe du Roi en octobre 1785. *Paris,* (1785), in-fol., *en feuille.*

> Plan fort bien gravé en taille-douce mesurant 53 cent. de hauteur et 79 cent. de largeur. Dans un des angles le plan de l'église St-Germain l'Auxerrois.
> Ce plan avait été levé en 1739 par *P. Faure* ; l'édition de 1785 a été entièrement remise à jour.

146. Plan détaillé du quartier de St^{te} Geneviève levé géométriquement par feu M. l'abbé Delagrive, fini et publié par Fr. Hugnin. *Paris,* 1757, in-fol., *en feuille.*

> Plan gravé en taille-douce mesurant 49 cent. de hauteur et 68 cent. de largeur. Important pour l'histoire des collèges et églises de ce quartier.
> Épreuve imprimée sur VÉLIN.

147. Plan du quartier de St^{te} Geneviève avec le plan de la nou-

velle église et des nouvelles rues du dessein de M. Souflot, par Le Rouge. *Paris, Le Rouge,* 1767, in-fol., *en feuille.*

Plan gravé en taille-douce, d'après celui qui précède. Il mesure 52 cent. de hauteur et 67 cent. de largeur. Les modifications apportées à ce plan sont très importantes.

148. Plan de la paroisse de St-Sulpice de Paris ou du fauxbourg St-Germain, gravé en 1696 par l'odre (*sic*) de Mre Henry Baudrand, prestre, docteur de Sorbonne et curé de ladite paroisse. *Paris, C. Roussel, graveur* (1696), in-fol., *en feuille.*

Plan bien gravé sur cuivre contenant de nombreuses indications sur les hôtels et maisons religieuses existants à cette époque. Il mesure 62 cent. de hauteur et 81 cent. de largeur.

149. Plan général des bureaux d'entrées, barrières de renvoy, roulettes et postes des gardes de la Ville de Paris, par Constantini, dit Octave, controlleur general ambulant des aides et domaines du Roy. *Paris,* 1708, in-fol., *en feuille.*

Ce plan géométral est entouré des blasons des fermiers généraux. Bonnardot le cite à la date de 1712.

150. Plan général du Canal de Paris projetté depuis l'Arcenal jusqu'à Chaillot, par le sieur Boisson, ingénieur du Roy. *Paris, s. d.* (*vers* 1750), in-fol., *en feuille.*

Curieux plan dessiné et gravé par *J. F. Blondel.*
On y joint : 1° Plan du canal de St-Martin par *Monvoisin,* 1827.
2° Coupe de la ville de Paris du septentrion au midi, par *Buache,* 1742.

151. Mémoire sur les moyens de conduire à Paris une partie de l'eau des rivières de l'Yvette et de la Bièvre, par M. Perronet. *Paris, impr. royale,* 1776, in-4, pl., veau.

Contient 3 plans détaillés des vallées de la Bièvre et de l'Yvette.
La reliure porte les insignes de l'ACADÉMIE ROYALE D'ARCHITECTURE.

152. Cartes des Eaux, des Egouts et des Bois de la ville de Paris, dressées par le service municipal des travaux publics. *Paris,* 1861, in-plano, *en feuilles.*

Trois plans comprenant ensemble 10 feuilles.

3. — *Vues générales de Paris.*

153. Recueil de vues générales de la ville de Paris et de monuments civils et religieux de Paris. En un vol. gr. in-fol.,
veau.

> Recueil factice comprenant 127 planches, parmi lesquelles nous signalerons :
> 1º Grande vue de Paris, par *Berey.*
> 2º Quatre vues diverses de Paris, par *Milcent.*
> 3º Vue du Pont-Neuf, par *Van Lochom.*
> 4º Vue de la Porte et du Quai St-Bernard.
> 5º Entrée à Paris du comte de Kaunitz, ambassadeur de l'Empereur en 1752,
> par *Schlechter.*
> 6º Vue de Paris prise du Pont-Neuf, par *P. Royer.*
> 7º Trois vues de Paris, par *Chaufourier.*
> 8º Vue de la Place Louis XV, par *Le Rouge,* 2 épreuves.
> 9º Inauguration de la statue de Louis XV, par *Demachy.*
> 10º Vauxhall de la foire St-Germain.
> 11º Projet de Colisée, 2 planches.
> 12º Gare pour les bateaux, 4 planches.
> 13º Quatre feux d'artifice tirés à Paris au XVIIIᵉ siècle.
> 14º La Prison des Madelonnettes.
> 15º La Place Louis XVI et la salle de l'Opéra, par *Belanger.*
> 16º Quarante-cinq planches représentant diverses églises : Notre-Dame,
> Saint-Gervais, le Val-de-Grâce, Sainte-Geneviève, La Madeleine, Saint-Germain-
> des-Prés, etc.
> 17º Treize planches : vues du Louvre, des Tuileries, des Invalides, du
> Luxembourg, etc.
> 18º Dix-sept planches : Portes St-Denis, St-Martin, St-Bernard, Places Louis-
> le-Grand, St-Sulpice, des Victoires, l'Observatoire, le Jardin des Plantes, la
> Bastille.
> 19º Vingt-cinq planches diverses : Temple consacré à la Paix ; projet de
> Colonne de la Liberté ; Colonne de la Grande-Armée, etc. Ensemble 127 planches,
> un grand nombre d'après *Chevotet,* tirées des ouvrages de Félibien : *Histoire de
> Paris* et *Histoire de l'Abbaye de St-Germain-des-Prés.*

154. Vues panoramiques et générales de Paris, par Silvestre,
N. Cochin, Van Lochom, Callot, etc. 25 estampes, *en feuilles.*

> Collection importante renfermant un certain nombre de pièces rares.

155. Diverses vues de Paris aux XVIIᵉ et XVIIIᵉ siècles. 44
estampes in-8, *en feuilles.*

> Vues de Paris de *Thomassin, Chauveau, Picart, Lesueur, Boucher, Cochin,*
> etc. tirées d'en-têtes ou de fleurons de divers ouvrages, montées à châssis dans
> le format in-8. A la suite quelques vues des environs par *Martinet.*

156. Perspective de la ville de Paris, veuë du pont des Tuileries.

Estampe dessinée et gravée par Isr. Silvestre. *Paris,* 1650, in-fol. en largeur, *en feuille.*

Superbe épreuve AVANT LA LETTRE et avant de nombreux travaux, notamment sur le toit de la galerie du Louvre. Elle provient de la collection Bonnardot et est signalée dans l'œuvre de Silvestre par M. Faucheux comme étant très probablement unique.

157. Lutetiæ, vulgo Paris, urbis Galliarum primariæ, non Europæ solius, sed orbis totius celleberrimæ prospectus. *A Paris, chez Nic. Berey, s. d. (vers* 1655), gr. in-fol. en longueur, *en feuille.*

Grande vue de Paris, prise de Ménilmontant ; elle a été gravée par *Nic. Cochin* sur 4 feuilles et mesure 2 m. 12 de longueur sur 40 cent. de hauteur. Cette estampe est complétée dans le haut par le titre que nous avons donné ci-dessus, et dans le bas et sur les côtés par 18 estampes, représentant le Roi, le duc d'Anjou et 16 monuments ou vues particulières de Paris, et par une légende en latin et en français imprimée sur 18 colonnes ; l'estampe ainsi agrandie mesure 72 cent. de hauteur et 2 m. 35 de longueur.

158. Paris en 1669. *A Paris, chez Hubert Jaillot,* 1674, in-fol. oblong, *en feuille.*

Grande vue de Paris prise de Ménilmontant gravée sur 2 feuilles par *Nic. Cochin* en 1669. Cette vue est accompagnée d'un texte imprimé sur 8 colonnes au bas de l'estampe. Ce texte est intitulé : *Briefve description de l'estat, grandeur et particularitez remarquables de la Ville, Cité et Université de Paris.*

159. Vues intérieures de Paris, gravées par Duplessis-Bertaux et Berthault, d'après les dessins du chevalier de L'Espinasse. *Paris,* 1785, in-fol., *en feuilles.*

Suite de 4 très belles estampes en largeur : le Port au blé, le Port Saint-Paul, la Place Louis XV et le Louvre.

Rares épreuves à l'état d'EAUX-FORTES.

On y joint : Vue du jardin du Palais-Royal, gravée par *Varin* d'après *L'Espinasse,* épreuve à l'état d'EAU-FORTE.

4. — *Monuments de Paris.*

a. — MONUMENTS PUBLICS ET PARTICULIERS DE PARIS. — RECUEILS DE VUES AVEC OU SANS TEXTE.

160. Vues de Paris et des environs, par Châtillon. *S. l. n. d. (Paris, Boisseau,* 1641), in-4 obl., *en feuilles.*

35 planches extraites de la *Topographie françoise,* 14 représentent des monuments parisiens, et 21 d'anciens châteaux des environs.

On y joint : Vue panoramique de Paris, par *L. Gaultier,* le Vaisseau parisien du même, un portrait de Henri IV, etc. Ensemble 40 pièces.

161. Vues de Paris, des environs de Paris, de France et de l'Étranger, dessinées et gravées par Israël Silvestre. *Paris, Israël Henriet*, 1649-1656, in-4 obl., mar. rouge, dos orné, double rangée de fil., tr. dor. (*Rel. anc.*)

Très beau recueil principalement composé de planches de moyenne dimension. Les vues concernant Paris sont au nombre de 43, non compris 3 titres ; les vues des environs sont au nombre de 103, dont 30 pour Liencourt et 16 pour Fontaine-bleau ; les vues de la province sont au nombre de 68 dont 15 pour Lyon et 12 pour Nancy ; les vues de l'étranger sont au nombre de 50, la plupart consacrées à la ville de Rome. Ensemble 267 planches de *Silvestre*.

Le même volume contient à la fin :

1° Divers desseins tant pour la Paix que pour la Guerre, 6 pl. de *Della-Belle*.
2° Divers paysages. 12 pl. de *Della-Belle*.
3° Diverse vedute designate in Fiorenza, 12 pl. de *Callot*.

On a ajouté 2 dessins à la plume de Silvestre. Ensemble 300 pièces.

162. Vues de Paris, des environs, de France et d'Italie, dessinées et gravées par Israël Silvestre. *A Paris, chez Israël Henriet (et chez Nic. Langlois)*, 1650-1652 (-1680), in-4 oblong, mar. rouge, dos orné, double rangée de fil., tr. dor. (*Rel. anc.*)

Superbe recueil composé en grande partie des petites planches de *Israël Silvestre*.

Les vues concernant Paris sont au nombre de 72, non compris 2 titres : *Les lieux les plus remarquables de Paris et des environs*, s. d., et *Diverses Veues faictes par Israël Silvestre*, 1652. Parmi ces planches se trouvent les petites vues des quais et des Ponts de Paris qui sont des plus rares dans l'œuvre de *Silvestre*.

Les planches des environs de Paris sont au nombre de 44 ; la série la plus importante est celle qui concerne Fontainebleau qui comprend 10 pl. et un titre : *Divers veues du chasteau et des bastiments de Fontaine belleau.*

Les vues de province sont au nombre de 86, dont 28 pour la Bourgogne, précédées d'un titre, et 13 pour Lyon et ses environs. Les vues d'Italie sont au nombre de 78. Ensemble 282 planches. Trois dessins originaux de *Silvestre* ajoutés.

163. Vues de Paris et des environs dessinées et gravées par Israël Silvestre. *S. l. n. d. (Paris, vers* 1670), in-fol., veau. (*Rel. anc.*)

Recueil de 52 planches de grand format ; 40 sont consacrées aux monuments de Paris et des environs : Louvre et Tuileries, 2 pl.; Luxembourg, 5 pl.; Val-de-Grâce, 1 pl.; Mont-Louis, 1 pl.; Sceaux, 2 pl.; St-Cloud, 2 pl.; Meudon, 6 pl.; Fontainebleau, 2 pl.; Vaux, 11 pl.; Maison Le Brun à Montmorency, 3 pl.; Vues de St-Ouen, Pontoise, Melun, Meaux, Conflans.

Les autres planches donnent les vues de Rome, Florence, Séville, Grenade, Ségovie, etc., etc.

164. Topographia Galliæ, sive descriptio et delineatio famosis-simorum locorum in potentissimo Regno Galliæ... publico data per Martinum Zeillerum. *Francofurti, cura et impendio*

Caspari Meriani, 1655, in-fol., front. et pl., mar. rouge, dos orné, double rangée de fil., tr. dor. (*Rel. anc.*)

Premier volume, le seul relatif à Paris et à l'Isle-de-France, orné de près de 120 pl. par *Mérian*.

Reliure aux armes et chiffres de P. Séguier, garde des sceaux. Un nom coupé sur le titre.

165. Receuille (*sic*) des plus belles veues des maisons royale (*sic*) de France, dessiné et gravé par Perelle. *Se vendent a Paris, chez Nic. de Poilly, s. d.* (*vers* 1670), in-4, veau marbré, tr. rouge.

Important recueil des vues de Paris et des environs gravées par *Adam Perelle*. Le nom de l'artiste est précédé tantôt de la lettre A tantôt des lettres A D entrelacées.

Ce recueil est entièrement différent de ceux qui suivent dont les planches portent le nom de *Perelle* sans aucune initiale.

Le volume contient 140 vues différentes dont 28 représentent des monuments de Paris, 50 des vues de Versailles, Trianon, Clagny et Marly, 11 des vues de Fontainebleau, 9 des vues de Chantilly, 6 des vues de Vaux, 5 des vues de St-Germain, 6 des vues de St-Cloud, 25 des châteaux et maisons diverses.

Cette série porte une numérotation par cahiers ; on y joint 78 épreuves en premier état, avant ces indications.

Cette collection est complétée par une suite de 38 planches d'*Aveline* également éditée par *Poilly*, dont 9 représentent des monuments de Paris et 29 des châteaux environnants.

Ensemble 258 pièces y compris un double titre.

166. Vues des belles maisons de France, dessinées et gravées par Perelle. *A Paris, chez N. Langlois, s. d.* (*vers* 1690), in-4 obl., mar. rouge, double fil. à froid, tr. dor.

Ce recueil diffère entièrement de celui qui précède ; l'éditeur est différent et les planches portent la seule signature de *Perelle* sans lettre initiale du prénom de l'artiste. Ces planches ne sont pas l'œuvre du même artiste et sont peut-être gravées par *Nic. Perelle*, le frère d'*Adam Perelle*.

Le volume comprend 346 pl. dont 7 titres particuliers.

Voici un détail sommaire des planches : Paris, 87 pl.; Versailles, Trianon, Clagny, 54 pl.; Chantilly, 50 pl.; Fontainebleau, 15 pl.; Meudon, 10 pl.; St-Cloud, 17 pl.; Marly, 8 pl.; St-Germain, 6 pl.; Chaville, 6 pl.; Sceaux, 6 pl.; Vaux. 6 pl.; Maisons et Châteaux divers des environs de Paris, 31 pl.; vues de Province, 26 pl.; vues de l'Étranger, 17 pl.

Ensemble 346 planches, épreuves du premier tirage au nom de *Langlois*, complétées par un certain nombre d'épreuves au nom de *Mariette*, de planches qui n'ont pas été éditées par *Langlois*.

On y joint en outre :

1° 40 pièces en épreuves avant la lettre.

2° 10 pièces en épreuves d'état primitif avant les légendes ou avant les modifications apportées dans les tirages postérieurs ; parmi ces pièces nous citerons la Perspective du Pont-Neuf avec le Pont-Rouge ou Barbier construit en bois, tandis qu'il est remplacé par un pont en pierre (le Pont-Royal) dans les épreuves d'un 2e tirage.

3° 5 dessins originaux de *Perelle*, dont 2 consacrés à Chantilly et 1 à St-Cloud. Ensemble 401 pièces.

167. Veues des plus beaux bastimens de France, par Perelle. *A Paris, chez J. Mariette, s. d. (vers* 1700), in-4 obl., veau fauve, tr. jaspée. (*Rel. anc.*)

Nouvelle édition du recueil qui précède. Le volume comprend 331 pl. dont 7 titres : 79 vues de Paris, 53 de Versailles, 53 de Chantilly, 12 de Fontainebleau, 9 de Meudon, 10 de Marly, 14 de St-Cloud, 5 de Chaville, 4 de Sceaux, 4 de St-Germain, 39 de châteaux divers des environs de Paris, 19 de la province et 23 de l'étranger.

Très bel exemplaire en parfaite condition.

Ce recueil et les deux qui précèdent renferment ensemble la presque totalité de l'œuvre des *Perelle* en ce qui concerne les vues de Paris et des environs. Certains monuments sont représentés à deux ou trois époques différentes et on peut suivre facilement les modifications qui y ont été apportées pendant près d'un demi-siècle.

168. Recueil des plans, profils et élévations des plusieurs palais, chasteaux, églises, sépultures, grotes et hostels batis dans Paris, et aux environs avec beaucoup de magnificence, par les meilleurs architectes du royaume, desseignez, mesurés et gravez par Jean Marot, architecte parisien. *S. l. n. d.* (*Paris, J. Marot, vers* 1675), in-4, veau.

Ce volume connu sous le titre de *Petit Marot*, comprend un titre et 122 planches par *Jean Marot*. Ces estampes sont consacrées à des palais, églises et maisons particulières de Paris et des environs.

Citons les plans, coupes et élévations des hôtels d'Orléans, Tubeuf, Liancourt, Bretonvilliers, Sully, d'Argouges, du Jars, d'Aumont, des châteaux du Raincy, de Maisons, de Meudon, de Noisy, la sépulture des Valois à St-Denis, etc., etc.

Le titre porte une adresse de *Jean Marot* qui a été collée au bas du titre sur une partie restée blanche qui, dans les exemplaires du second tirage, porte gravée l'adresse de *Mariette*.

Le même volume renferme 16 planches et figures de *Magdeleine Horthemels* sur Port-Royal des Champs et 20 pl. diverses de *Séb. Le Clerc*.

169. Recueil des plus beaux edifices et frontispices des Eglizes de Paris. Dessignées et gravées selon leurs mesures par J. Marot. *Paris, J. van Merlen,* (*vers* 1675), in-4 oblong, basane rouge, comp. (*Rel. anc.*)

Quatre suites de 12 pièces chacune représentant, la première éditée par *Van Merlen*, des Églises de Paris, les 3 autres, éditées par *Mariette*, des Églises et Hôtels de Paris.

Belles épreuves à toutes marges, sauf la première suite qui est remargée.

Ce même volume renferme 40 figures de paysages dessinées et gravées par

Perelle, et éditées chez *Drevet*, (les 20 premières en 4 suites), chez *Poilly* et chez *Mariette*, (les 20 dernières en 4 suites).
Ensemble 88 pièces.

170. Architecture françoise des sieurs Marot père et fils. *S. l. n. d.* (*Paris, vers* 1680), in-fol., veau.

> Ce volume sans titre est précédé d'une table imprimée sur 2 ff. qui porte : *Table des planches des sieurs Marot père et fils.* M. Destailleur (*Notice sur quelques artistes français*) constate l'existence de trois artistes de la famille *Marot* qui portaient le prénom de *Jean*, deux étaient frères de père et le troisième fils de l'un d'eux ; il est difficile de déterminer les estampes qui appartiennent à chacun.
>
> Le présent volume, qui contient 171 planches, est presque entièrement consacré à des monuments ou hôtels parisiens. On trouve 118 planches représentant le Louvre, les Tuileries, le Val-de-Grâce, la Sorbonne, les hôtels de Chevreuse, de Mortemart, de Beauvais, de Mousseaux, de Lyonne, de l'Aigle, du Grand-Prieur, de Conty, de Colbert, de Richelieu, Pussort, etc.; les églises de l'Assomption, de St-Germain-des-Prés, des Minimes, de St-Gervais, du Temple de Charenton, de la Maison des Marchands drapiers, etc., etc.
>
> La dernière feuille représente la *Loterie qui se devoit tirer à Paris en l'Isle Notre-Dame.*
>
> Bel exemplaire bien conservé.

171. Vues de Paris et de ses environs, de diverses villes et châteaux de France, dessinées et gravées par Fr. Aveline. *A Paris, chez Aveline, s. d.* (*vers* 1690), in-fol. obl., mar. rouge jans., tr. dor. (*Petit.*)

> Ce recueil, dans le genre de ceux des *Perelle* et des *Silvestre*, est beaucoup plus rare et est très important, parce qu'il renferme un grand nombre de vues qui n'ont été dessinées et gravées que par *Aveline*.
>
> Ce volume renferme 234 planches; 150 environ sont consacrées à Paris et à ses environs, les autres aux vues de France et de l'étranger. Les 12 dernières planches représentent les décorations inventées par *Torelli* pour l'opéra de *Vénus jalouse*. Ces planches sont aussi gravées par *Aveline*.

172. La Géometrie pratique, divisée en quatre livres. Ouvrage enrichi de cinq cens planches gravées en taille douce. Par Allain Manesson Mallet. *Paris, Anisson*, 1702, 4 vol. in-8, veau.

> Cet ouvrage est surtout recherché parce qu'il contient un nombre considérable de vues de Paris et des châteaux de France. Ces vues sont souvent les seules qui nous aient été conservées de beaucoup de monuments de Paris ; citons notamment les vues de St-Yves, de St-Jacques-la-Boucherie, du Châtelet, etc.
>
> Les vues de Paris ou de ses monuments sont au nombre de 78 et celles des environs de 200.

173. Description de l'Univers, contenant les différents systèmes du monde, les cartes générales et particulières de la Géographie ancienne et moderne, les plans et les profils des

principales villes et des autres lieux plus considérables de la
terre, par Alain Manesson Mallet. *Paris, D. Thierry,* 1683,
5 vol. in-8, portr. et pl., mar. rouge, dos orné, double rangée
de fil., tr. dor. (*Rel. anc.*)

> Cet ouvrage, entrepris sur le même plan que la *Géométrie pratique,* contient
> aussi un grand nombre de vues de villes et de châteaux, dont quelques-unes sont
> consacrées à Paris et à ses environs.

174. L'Atlas curieux ou le Monde représenté dans des cartes
générales et particulières du ciel et de la terre. Divisé tant
en ses quatre principales parties que par états et provinces,
et orné par des plans et descriptions des villes capitales et
principales et des plus superbes édifices qui les embelissent.
Par N. de Fer. *Paris, Danet,* 1717-1723, 2 vol. in-4 oblong,
pl., veau.

> En tête du premier volume se trouvent 56 planches consacrées à Paris et à
> ses environs ; on y trouve divers plans du bois de Boulogne, des forêts de
> Marly, St-Germain, Fontainebleau, etc.

175. Vues de Paris et des maisons royales, dessinées et gravées
par Ant. Aveline. *A Paris, chez A. Aveline, rue St-Jacques
à la reine de France,* s. d. (*vers* 1725), in-fol., veau.

> Recueil de 24 planches, 10 représentent divers monuments de Paris, le Louvre,
> le Luxembourg, l'Hôtel-de-Ville, les Invalides, Notre-Dame, les 14 autres
> représentent Versailles, Trianon, Marly, St-Cloud, Meudon, Chantilly, Fontaine-
> bleau, Rambouillet, etc.
> *Ant. Aveline* était, d'après Le Blanc, fils de *François Aveline,* l'auteur du
> recueil décrit sous le n° 171.

176. Recueil choisi des plus belles vues des palais, châteaux
et maisons royales de Paris et des environs, dessinées
d'après nature et gravées par J. Rigaud, au nombre de 129
pièces. *A Paris, chez J. Fr. Chereau,* s. d. (*vers* 1725), in-
fol. oblong, veau (*Rel. anc.*)

> Très beau recueil comprenant un titre gravé et 129 planches, vues de Paris,
> de Versailles, de Chantilly, St-Cloud, Meudon, Choisy, Fontainebleu, etc. etc.
> On a ajouté: 1° Le frontispice AVANT LA LETTRE ; 2° Une vue de la *Grande
> Galerie de Versailles* publiée par *Basan* ; 3° Une vue du *Petit Château de
> Choisy* ; 4° Une vue du *Château de Grosbois* par *Rigaud* ; 5° Une vue de jardin
> prise des marches d'un château, épreuve AVANT LA LETTRE.
> De la bibliothèque du roi LOUIS-PHILIPPE, à Neuilly.

177. L'ARCHITECTURE FRANÇOISE ou recueil de plans, élévations,
coupes et profils des Eglises, Palais, Hôtels et Maisons particulières de Paris et des Chasteaux et Maisons de campagne

et de plaisance des Environs. *Paris, J. Mariette,* 1727, 2 vol. in-fol., pl., veau.

Cet important recueil factice, formé par *Mariette*, comprend des planches de *Blondel, Lepautre, Chevotet,* etc., mais la plupart ne portent que l'*excudit* de *Mariette*.

Les exemplaires, mis en vente par *Mariette*, diffèrent tous les uns des autres ; celui-ci, qui a été décomplété, renferme seulement 256 planches consacrées presque entièrement aux hôtels particuliers de Paris. Les titres manquent.

178. Vues des monuments publics et des édifices particuliers de la Ville de Paris et des environs. *A Paris, chez Mariette, s. d.* (1727), in-fol. obl., mar. rouge, dos orné, fil., tr. dor. (*Rel. anc.*)

Recueil de 130 planches extraites de l'*Architecture françoise* de *Mariette ;* elles sont principalement consacrées à des hôtels particuliers.

Le dos et les plats portent un chiffre surmonté d'une couronne ducale.

179. Recueil de planches de Jean Marot, de Fr. Blondel, de Chevotet, représentant divers monuments de Paris et des environs. En un vol. in-fol., demi-rel.

Recueil factice formé au XVIIIe siècle, comprenant principalement des planches éditées par *Mariette* et contenant 84 planches, plans et élévations des Tuileries, du Louvre, des Invalides, du Palais-Royal, du Palais-Bourbon, de l'hôtel Lassay, de l'hôtel d'Évreux, de l'église Notre-Dame, des portes de Paris, des châteaux de Choisy, de Petit-Bourg, de Bagnolet, etc.

180. Monuments de la Ville de Paris et autres planches recueillies sans texte. *Paris,* 1793, in-fol., demi-rel.

Sous ce titre manuscrit on a rassemblé 60 planches de *Silvestre, Aveline, Chevotet, J. Marot,* la plupart éditées par *F. Chéreau,* représentant principalement des façades d'églises de Paris, on y voit aussi plusieurs planches concernant le *Louvre,* les places, portes, fontaines et palais de la ville.

Les dernières planches, par *Silvestre,* se rapportent au Château de Meudon.

181. Vues de Paris et des environs. (Alle de voornaamste gebouven en gezichten in het aartsbisdom van Paris). *S. l.* (*Hollande*), 1727, in-4, vélin.

Ce recueil se compose d'un titre manuscrit avec fleuron (la Place des Victoires) gravé par *J. C Philips* et de 60 vues diverses de Paris et des environs également gravées en taille-douce par *Philips.* Suite très rare.

182. Différents plans des villes et bâtiments de considération. *S. l. n. d.* (*Paris,* 1752-1786), en un vol. in-fol., demi-rel. dos et coins de mar. brun.

Recueil factice formé au XVIIIe siècle de 69 planches, éditées pour la plupart par *Le Rouge* et dont 52 sont consacrées à la ville de Paris et à ses monuments.

Citons parmi ces dernières les plans particuliers des quartiers de la Madeleine, de Ste-Geneviève, de la Pépinière, du quai Bignon (quai St-Michel), du quartier de la Chaussée-d'Antin, des terrains de l'ancien hôtel de Condé, de l'emplacement de la Comédie italienne, du Faubourg St-Honoré, de la paroisse St-Sulpice, du quartier de la Tournelle, du bois de Boulogne, le plan relatif au programme décrété le 30 juin 1793, par la Convention, etc.

Les autres planches représentent les projets de la gare de Paris sur la Seine, des Halles incombustibles, de la Madeleine, de Ste-Geneviève, des vues de l'Ecole militaire, de la Terrasse des Tuileries, du Garde-Meuble, du Panthéon ou Colisée, du Vaux-Hall, des Bains de Poitevin sur la Seine et le Vaisseau de la ville de Paris.

Parmi les planches ne se rapportant pas à Paris, signalons : les plans de Londres, Gibraltar, Besançon, St-Malo, Nantes, etc.

183. Les Délices de Paris et de ses environs, ou Recueil de Vues perspectives des plus beaux monuments de Paris et des maisons de plaisance situées aux environs de cette ville, par Perelle. *Paris, Jombert*, 1753, in-fol., pl., veau marbré, dos orné, tr. rouge.

Ce recueil formé des vues de Paris de *Marot, Perelle, Silvestre*, etc., dont les cuivres étaient entre les mains de Jombert qui les avait fait retoucher, contient un certain nombre de planches nouvelles consacrées à la banlieue de Paris. Il renferme en tout 224 planches tirées sur 210 feuilles.

On a ajouté à cet exemplaire 68 planches des Vues de Paris et des environs gravées par *Guérard*, extraites de la *Géométrie pratique* de Manesson Mallet ; et une vue du Château de Ruel. Ensemble 294 planches en y comprenant la vignette du titre.

184. Vues de Paris, de la France et de l'étranger dessinées et gravées pendant la seconde moitié du XVIIIe siècle. *A Paris, chez Mondhare, Basset, Daumont, etc.* En un vol. in-fol., veau marbré, fil., tr. rouge.

Recueil de vues perspectives destinées à être vues à travers des loupes et connues sous le nom de *Vues d'optique*. Ces vues, souvent assez grossièrement dessinées et gravées, sont parfois fort intéressantes en ce qu'elles nous donnent la représentation de scènes qui n'ont pas été reproduites, telles sont les planches qui nous montrent les boulevards, leurs cafés et leurs théâtres, les foires St-Germain, St-Laurent, St-Ovide, le bal de Vincennes, les expositions, des scènes de la Révolution, etc.

La plupart de ces planches sont grossièrement coloriées ; elles ne portent pas, le plus souvent, de noms d'artistes ; nous avons pourtant relevé sur les planches de ce recueil les noms de *Germain*, de *Blondel*, d'*Arrivet*, de *Guéroult*, etc.

Le présent volume contient en tout 204 planches, 74 représentent Paris et ses monuments, 29 les Environs de Paris, 15 diverses villes de France, 87 des vues de l'étranger, même de l'Amérique.

Cette collection est surtout composée de pièces intéressantes et rares.

185. Ouvrages divers concernant en partie les monuments de

Paris et des environs. 1758-1795, 30 part. en un vol. in-4, demi-rel.

Recueil formé par l'architecte Vaudoyer. On y remarque :

1° L'Éléphant triomphal, grand kiosque (à élever dans les Champs-Elysées), par Ribart, 1758, pl.

2° Lettre à un ami sur un monument public (la Madeleine), par d'Ulin, 1780, pl.

3° Projet d'un palais national, par Rousseau, 1790, pl.

4° Moyen de sauver les personnes renfermées dans les maisons incendiées de Paris (par Peyre).

5° Projet d'une nouvelle distribution des arrondissements de Paris, par Goulet, 1801.

6° Monument à élever à Bonaparte, par Goulet.

7° Rapport de Prony et Molard, sur les projets pour remplacer la machine de Marly, 1795, pl.

8° Projet d'une nouvelle salle pour les comédiens italiens, par Bonnet, 1777, etc.

186. Vues de Paris gravées par Jeanne-Françoise et Marie-Jeanne Ozanne. *A Paris, chez la veuve Chereau, s. d. (vers 1765)*, in-4 obl., mar. rouge, dent., tr. dor.

Jolie suite de 6 pièces y compris le titre. Ces figures ont été gravées d'après les dessins du peintre *Ozanne* et représentent la place Louis XV, le quai des Tuileries et le Pont-Neuf.

Le même volume contient :

1° Une vue de la Porte St-Bernard par *Gillot*.

2° Plan, coupe et élévation perspective de la nouvelle église Ste-Geneviève par *Soufflot*, titre et 3 pl., très finement gravés.

3° 20 petites vignettes par *Desrais* et *Queverdo*, tirées d'almanachs, représentant divers quartiers de Paris et diverses scènes parisiennes. Plusieurs de ces vignettes sont AVANT LA LETTRE.

4° 2 figures (les Parades et la Galerie du Palais) par *Eisen* et *Gravelot*.

Ensemble 33 figures.

187. Étrennes françoises dédiées à la Ville de Paris pour l'année jubilaire du règne de Louis le bien-aimé, par l'abbé de Petity. *Paris, P. G. Simon*, 1766, in-4, fig., mar. rouge, dos orné, fil., tr. dor. (*Rel. anc.*)

Ce volume est dédié aux Prévôt des Marchands et Echevins de la ville de Paris, dont les armoiries gravées occupent 2 ff. Le volume est en outre orné de 5 jolies figures en médaillon par *G. de Saint-Aubin*, représentant divers monuments de Paris, la nouvelle église Ste-Geneviève, la Halle aux blés, la statue de Louis XV, etc., et une figure allégorique par *Gravelot*.

Bel exemplaire aux armes de France et de la ville de Paris.

188. Vues diverses de Paris, par Boucher, Moreau, Cochin, etc. En un vol. in-8, mar. rouge, dent., tr. dor.

Très joli recueil comprenant :

1° 3 vues de Paris par *Boucher*, frontispices du *Bréviaire parisien*.

2° En-tête par *Choffard* avec vue de l'hôtel-de-ville, épreuve hors texte.

3° 4 vues de la Place Louis XV par *Moreau, Patte* et *Marvye*.

4° 3 vues des nouvelles guérites élevées sur le *Pont-Neuf*, par *Cochin*.

5° *Le Spectacle des Tuileries*, 2ᵉ *vue*, eau-forte par *Gabriel de St-Aubin*, très jolie pièce d'une grande rareté, épreuve non terminée, avant la date, retouchée par l'artiste.

6° Ascensions aérostatiques à Paris, 3 pl. par *Sergent*.

7° Vues diverses par *Duflos, Thiéry, de La Porte, Gaitte*, 4 pièces.

Ensemble 19 pièces.

189. Description générale et particulière de la France, de La Borde, Béguillet, Guettard, etc. *Paris*, 1781-1796, in-fol., pl., demi-rel.

6 livraisons du Gouvernement de l'Isle de France et première livraison des tableaux gravés d'après *Cochin*, ornées ensemble de 37 figures d'après *Cochin, Hallé, le chevalier de l'Espinasse*, etc., donnant des vues fort bien gravées et très intéressantes de Paris et de ses environs. La dernière planche par *Le Paön*, représente la Revue du trou d'Enfer.

190. Paris et la province ou choix des plus beaux monuments d'architecture anciens et modernes en France, dessiné par Testard et gravé en couleur par Campion. *Paris*, 1786, gr. in-8, *en feuilles*.

Publication restée inachevée.

Nous possédons ici une livraison de 16 pp. (dans la couverture), ornée de 15 planches de forme ovale, gravées en couleur, représentant des monuments parisiens : Notre-Dame, les Enfants trouvés, le Palais de Justice, le Châtelet, etc. Très rare.

191. Vues pittoresques des principaux édifices de Paris. *A Paris, chez les Campions frères et fils, s. d. (vers 1789)*, un tome en 2 vol. in-4, mar. vert, dent. (*Rel. anc.*)

Très jolie suite comprenant un titre et 110 estampes de forme ronde gravées en couleur par *Le Campion, Guyot, Roger, Mᵗˡᵉ Guyot*, d'après les dessins de *Testard, Sergent* et *Pernet*.

La suite a été terminée vers 1789, les dernières planches représentant la prise de la Bastille.

Cet exemplaire présente les particularités suivantes :

1° Chaque volume est précédé d'un titre imprimé daté de 1800 et portant : *Recueil de principales vues de Paris et de la France coloriées supérieurement en 111 belles planches gravées par Roger*. Tome 1. (Tome II).

2° La pl. I est en double, l'une représente la salle de spectacle de Bordeaux, l'autre le Wauxhall d'été.

3° Il contient 2 pl. supplémentaires de la pl. 109 représentant : *La grande façade de la Bastille... au moment de la démolition* et la *Destruction de la Bastille*.

4° Une 111ᵉ pl., *Maison du Chevalier du Val de Beaulieu*, est reliée à la fin.

5° 4 pl. : Vue des Tuileries (2 pl.), Vue du Temple et vue d'un jardin anglais près Versailles ont été ajoutées, ainsi qu'une épreuve avec différences de la pl. 94.

Ensemble 120 pl. y compris le titre.

192. Vues pittoresques des principaux Édifices de Paris. *Paris, Lamy*, 1792, pet. in-4, mar. vert, dent.

Cette suite se compose d'un titre gravé, le même que celui de la suite qui précède, mais avec un autre nom d'éditeur, et de 73 planches numérotées de forme ronde, gravées en couleur par *Janinet* d'après *Durand*. Chaque planche porte les noms des éditeurs *Esnauts et Rapilly*.

Cette série de vues de Paris est totalement différente de celle qui précède et elle est extrêmement rare.

Cet exemplaire contient ajouté :

1° 5 planches en double AVANT LA LETTRE.

2° 9 planches avec des différences.

3° 2 dessins originaux dont un inédit.

4° 5 gravures diverses.

Ensemble 95 pl. y compris le titre.

193. Vues pittoresques des principaux édifices de Paris. *A Paris, chez Lamy*, 1792, in-4, mar. vert, dent., tr. dor. (*Rel. anc.*)

Recueil composé de 146 planches appartenant, les unes au recueil formé par les *Campions* (n° 191), les autres au recueil de *Janinet* publié par *Esnauts et Rapilly* (n° 192).

Sur les 110 pl. du recueil de *Campion*, nous en avons 97 (manquent les n°° 26, 33, 34, 38, 62, 84, 85, 88, 92, 95, 96, 108, 110). Les pl. 1, 5, 6 sont en double, différentes, et la suite est complétée par la vue du Temple.

Des 73 pl. du recueil de *Janinet*, le volume n'en contient que 41.

On a ajouté 3 pl. diverses, vues de Paris en couleur par *Sergent*.

194. Vues des plus beaux édifices publics et particuliers de la ville de Paris, par Durand, gravées en couleur par Janinet. *Paris, Esnauts et Rapilly, s. d. (vers* 1787), in-fol. obl., pl., demi-rel. veau.

Première édition de cette suite d'estampes gravées en couleur par *Janinet*. Les planches qui sont tantôt de forme ovale, tantôt de forme rectangulaire, ont été ensuite retouchées et ramenées au même format rectangulaire et publiées vers 1810.

Ce rare volume comprend un titre, 42 pl. numérotées et 2 pl. avant le numéro.

3 pl. sont en double en état différent.

On a relié à la suite une estampe en couleur : *Prise de la Bastille.*

195. Vues des plus beaux Edifices publics et particuliers de la ville de Paris, dessinées par Durand, Garbizza et Mopillé, architectes, et gravées par Janinet, J.-B. Chapuis, etc. *Paris, Esnauts et Rapilly, s. d.* (1810), 2 vol. pet. in-fol., demi-rel.

Cette nouvelle édition comprend un titre et 88 planches gravées à la manière noire par *Janinet* et *Chapuis*, d'après les dessins de *Durand, Garbizza, Toussaint* et *Mopillé*.

On a ajouté à l'exemplaire une suite de 8 pl. représentant différents endroits du jardin des Tuileries, dessinées et gravées par *Troll*, publiées par *Bance* vers 1795.

196. Vues de Paris, de Saint-Cloud, de Vincennes, de Meudon, etc., par Ransonnette, Gaitte, Bellar, Moitte, etc. En un vol. in-4 oblong, veau marbré, tr. rouge.

Recueil factice comprenant : 65 vues diverses et plans de Sainte-Geneviève, de la Sainte-Chapelle, de la Comédie française (l'Odéon), de la Comédie italienne, de l'École de médecine, de l'Hôtel Sully et des divers châteaux avoisinant Paris. Quelques-unes de ces estampes sont devenues très rares.

197. Vues de Paris dessinées et gravées par Gaitte. *A Paris, chez l'auteur (et chez Jean)*, s. d., in-4 oblong, veau.

Très jolie collection de 24 planches gravées avec la plus grande délicatesse. Chacune des planches porte tantôt 4, tantôt 6, tantôt 8 vues en forme de médaillons disposées sur la 1re planche dans le sens de la hauteur, sur les autres dans le sens de la largeur.

Ces 24 planches portent ensemble 130 sujets, dont 48 représentent les Barrières de la ville.

Trois planches (nos 5, 6, 7) sont en double avant le no , deux (nos 4 et 24) en double avant la lettre et deux (nos 4 et 5) en double à l'état d'eaux-fortes.

On a relié en tête du recueil un *Plan de la ville et des faubourgs de Paris*, gravé par *Chalmandrier*, portant dans la bordure 11 vues de Paris très bien gravées. Ensemble 32 pièces.

Rare et intéressant recueil.

198. Vues de Paris et des environs. *S. l. n. d.*, in-fol., demi-rel. dos et coins de mar. brun.

Important recueil comprenant surtout des estampes de la fin du XVIIIe siècle et du commencement du XIXe.

Les vues concernant Paris et ses environs sont au nombre de 70, parmi lesquelles nous citerons :

1o Vue générale de Paris, estampe en largeur, par *Nolin*.

2o Deux vues générales de Paris, par *Milcent*.

3o Deux vues générales de Paris, par *Lorieux*, eaux-fortes.

4o Deux vues intérieures de Paris, par le *Chevalier de L'Espinasse* (une est en double état).

5o Vues du Port aux blés et du port St-Paul, par *de L'Espinasse*, 2 pl. en triple épreuve dont l'eau-forte.

6o Vue de Paris en regardant le Pont-Neuf, grande estampe en largeur gravée en couleur par *Janinet*, 2 épreuves dont une avant la lettre et les armes, l'autre avant la lettre et avec les armes.

7o Les Ports St-Bernard et St-Paul, par *Demachy*, gravés en couleur par *Descourtis*.

8o Deux vues différentes du Palais-Égalité (Royal), par *de L'Espinasse*.

9o Deux vues de la Place Louis XV, par *Berthault* et *Moreau*.

10o Deux vues de l'Hôtel-de-Ville, par *Legrand* et *Frosne*.

11o Deux vues du Palais de Justice par *Ransonnette* (eau-forte) et *Desmaisons*.

12o Vue de l'Hôtel des Invalides, par *Liégeois*.

13o Vue du Panthéon, par *Poulleau*.

14o La Barrière des Champs-Élysées, 2 pl. par *Debucourt* et par un anonyme (épreuves en couleur).

15o La Barrière du Fg St-Martin, par *Debucourt*.

16o La Fontaine des Innocents, par *Carré* (épreuve en couleur).

17° Serment du Champ-de-Mars, par *Janinet* (épreuve en couleur).

18° Promenades aériennes du jardin Baujon et montagnes russes, par *Le Rouge*.

19° Les Boulevards avec les nouvelles voitures, grande planche en couleur.

20° Une suite de 17 eaux-fortes anonymes : Hôtel-de-Ville, quais d'Orsay, de Conti, de l'Hôtel-de-Ville, Pont-au-Change, Pont Notre-Dame, Ile Notre-Dame, Ile Louviers, etc.

21° Quatre vues de Neuilly, Vincennes, Madrid, Bagatelle, par *L. Moreau*.

22° Trois vues de St-Cloud, par *Ransonnette* et *Brunescau*.

23° Vue des eaux de Brunoy, par *Gravelot*, etc. etc.

On a relié à la suite de ces estampes la collection des 15 estampes des Ports de France, gravées d'après les tableaux de *Joseph Vernet*, et 3 vues diverses.

Ensemble 88 pièces.

199. Monuments publics de Paris. Recueil de vues, plans, etc. En un vol. in-fol., veau marbré.

Ce volume comprend 60 planches, dont un certain nombre exécutées au siècle dernier :

1° *Vues et plans de la N^{lle} Église Ste-Geneviève*, 7 pl.

2° *Détails de l'Hôpital de la Salpêtrière*, 6 pl.

3° *Vues du Mont-de-piété de la rue de Paradis*, par *Veil*, 10 pl.

4° Description des travaux exécutés pour le déplacement, transport et élévation des groupes de Coustou (chevaux de Marly), par Grobert, 1796, texte et 9 pl.

5° *Plans du Palais de la Bourse et du cimetière Mont-Louis*, par Brongniart, 1814, texte et 6 pl.

6° *Plan du nouveau marché St-Germain*, par Blondel, 1816, texte et 11 pl.

7° *Plans et coupe de l'hôtel des Monnoies à Paris*, par J. D. Antoine, 1826, texte et 6 pl.

8° *Diverses vues de l'Hôtel des Monnoies*, 5 pl.

200. Recueil de pièces sur les monuments de Paris, formé par Vaudoyer architecte. En 3 vol. in-4, basane.

Recueil de 59 pièces publiées à la fin du XVIIIe siècle et au commencement du XIXe.

Projets de salle d'Opéra par Bernard et Poyet. — Monument à la gloire de l'Empereur, place de la Concorde, par Peyre. — Embellissemens de la place Louis XVI, par Destouches. — Distribution d'eaux dans Paris, par Mallet. — Chemin de fer de Paris à Versailles. — Projets divers de sépultures à Paris. — Considérations sur l'Opéra, par Bellanger. — Projets de temple de la gloire, etc., etc.

201. Antiquités nationales, ou recueil de Monumens pour servir à l'histoire générale et particulière de l'Empire français, par Aubin Louis Millin. *Paris, Drouhin*, 1790-1799, 5 vol. in-4, pl., cart., *non rognés*.

Ce grand ouvrage, resté malheureusement inachevé, contient la reproduction des principaux édifices religieux de Paris, avec les monuments qui y étaient conservés.

Exemplaire en GRAND PAPIER, avec le portrait de Millin ajouté.

Mouillures au premier volume.

202. (Almanach des Monuments de Paris). *Paris, Desnos, an IX* (1801), in-16, mar. rouge, fil., tr. dor. (*Rel. anc.*)

Quatorze planches doubles représentant autant de monuments de Paris, un plan de Paris et une carte.

203. A Selection of twenty of the most picturesque Views in Paris and its Environs, drawn and etched by Th. Girtin. *London*, 1803, in-fol., cart.

Titre et 20 planches gravées à l'aqua-tinte par *Lewis, Harraden, Pickett,* etc.

204. Paris et ses monumens, mesurés, dessinés et gravés par (L. P.) Baltard, architecte, avec des descriptions historiques par le cit. Amaury-Duval. *Paris, impr. de Crapelet,* 1803-1805, 2 tomes en un vol. in-fol., pl., demi-rel. dos et coins de chagrin bleu.

Cet ouvrage resté inachevé et qui, de Paris, ne comprend que la description du Louvre, renferme des notices avec planches des châteaux d'Ecouen, de St-Cloud et de Fontainebleau.

Exemplaire en GRAND PAPIER , auquel on joint un album contenant 46 contre-épreuves des dessins originaux de *Baltard,* dont 39 consacrés au Louvre.

205. Portes cochères, portes d'entrée, croisées, balcons, entablements, etc., des édifices les plus remarquables de Paris. — Recueil des plus jolies maisons de Paris et de ses environs. — Choix de maisons, édifices et monuments publics de Paris et de ses environs, par Krafft et Thiollet. *Paris, Bance,* 1809-1829, 3 vol. in-fol. obl., cart., *non rognés.*

Ornés de 242 planches gravées au trait.

206. Versailles, Paris and Saint-Denis; or a series of Views from Drawings made on the Spot, by J. C. Nattes, Illustrative of the Capital of France, and the surrounding places. With an historical and descriptive account. *London, Miller,* s. d. (1809-1811), in-fol., pl., cart., *non rogné.*

Orné de 40 belles planches en couleur, par *J. Hill.* Très rare.

207. Graphic Illustrations of the most prominent features of the French Capital; with caracteristic Figures in the foregrounds: comprised in twelve stroke Engravings, from accurate designs taken in Paris during the Imperial reign of Buonapárte, with descriptive Notices and interesting Anecdotes. *London, Harper et C⁰,* 1816, in-fol., pl., demi-rel.

Douze planches doubles gravées par *J. Dadley, Sparrow, Porter,* etc.

208. Picturesque Views of the City of Paris and its Environs; consisting of views on the Seine, public buildings, caracteristic, scenery, etc. With appropriate Descriptions. The original Drawings by Mr. Frederick Nash; the literary departement by Mr. John Scott. Translated by M. P. B. de la Boissière. *London, Longmann*, 1820, in-fol., fig., mar. bleu, dos orné, fil., tr. dor.

> Nombreuses figures gravées en taille-douce. Épreuves du premier tirage tirées sur PAPIER DE CHINE.
> Avec les planches supplémentaires.

209. Vues de Paris lithographiées par Arnout. *Paris, lith. de Delpech*, 1820-1821, in-4 obl., cart.

> Suite de 30 planches.
> On y joint: Soixante vues des plus beaux palais, monuments et églises de Paris, gravées par Couché fils. *Paris, s. d.* (1818), in-8, demi-rel.

210. Paris and its Environs displayed in a series of two hundred picturesque Views, from original Drawings, taken under the direction of A. Pugin Esq. The Engravings executed under the superintendence of Mr. C. Heath. With topographical Descriptions. *London, Jennigs and Chaplin*, 1831, 2 vol. in-4, fig., demi-rel. dos et coins de mar. brun, tr. dor.

211. Souvenirs du Vieux Paris. Dix-huit sujets dessinés et lithographiés par le comte T. Turpin de Crissé. *Paris*, 1833, in-fol., demi-rel., *non rogné*.

> On y joint: Promenades pittoresques et lithographiques dans Paris et ses environs, par le général Bacler d'Albe. *Paris*, 1822, in-fol., cart. Orné de 24 pl. (sur 48).

212. Paris pittoresque, rédigé par une société d'hommes de lettres sous la direction de G. Sarrut et B. Saint-Edme. *Paris, d'Urtubie Worms et Cie*, 1837, 2 vol. in-8, front. et pl., demi-rel. veau.

> Figures sur *Chine*.
> On y joint: Album parisien. Cent vues gravées au burin, par Dureau et Couché. *Paris*, 1837, in-8 obl., veau violet, tr. dor.

213. Paris historique. Promenade dans les Rues de Paris, par Ch. Nodier, Regnier et Champin. Avec un résumé historique, par P. Christian (Pitois). *Paris, Levrault*, 1838-1839,

3 vol. in-8, fig., demi-rel. dos et coins mar. rouge, dos orné, tête dor., *non rognés* (*R. Petit.*)

200 vues de Paris lithographiés par *Champin*, d'après *Regnier*.
Bel exemplaire.

214. Les Principaux monuments, palais, maisons de Paris, par MM. Clémence Normand père et fils, architectes. *Paris*, 1845, in-8, pl., *broché.*

On y joint : 1° Trente-huit vues de Paris, principalement par *V. Adam*, extraites du *Charivari* et de l'*Artiste*, in-4, veau.
2° Vues diverses de Paris, photographiées par Bisson. *Paris*, *vers* 1855. 36 pièces in-8, *en feuilles.*
3° Paris. Album historique et monumental, par Léo Lespès et Bertrand. *Paris*, (1863), in-8, demi-rel. Fig. sur bois.

215. Eaux-fortes de Méryon sur le vieux Paris, *en feuilles.*

1° La Grande salle du Palais, d'après *Ducerceau*, 1855, épreuve du premier état avec l'inscription, dont il n'a été tiré que 8 exemplaires.
2° Tourelle rue de la Tixanderie, premier état avant le titre et les initiales de l'artiste.
3° Saint-Étienne du Mont, épreuve du premier état avec les initiales et l'ouvrier les bras levés.

216. Paris dans sa splendeur. Monuments, vues, scènes historiques, description et histoire. Dessins de Ph. Benoist, Chapuy, Ciceri, Clerget, J. David, etc. Texte de Bailly, Darcel, E. Fournier, A. Lenoir, Le Roux de Lincy, Mérimée, etc. *Paris, Charpentier*, 1861, 3 tomes en 2 vol. in-fol., fig., demi-rel. dos et coins de mar. vert, tête dor., éb.

Nombreuses planches hors texte représentant les vues de Paris et ses principaux monuments. Bel exemplaire.

217. Statistique monumentale de Paris, publiée par les soins du ministre de l'instruction publique. Cartes, plans et dessins, par M. Albert Lenoir. *Paris, impr. impériale*, 1867, 2 vol. in-fol. contenant 270 pl. et 1 vol. in-4 de texte, demi-rel. dos et còins de mar. rouge, tête dor., éb. (*Petit.*)

Très bel exemplaire auquel on a ajouté 10 dessins de *Lavalley* sur les *Innocents* et un 3ᵐᵉ volume complémentaire comprenant 272 dessins originaux de *Berty, Adam, Lassus*, etc., dessins qui devaient être utilisés dans les volumes non publiés de la *Statistique monumentale.*
Ces dessins se rapportent aux monuments suivants : *Notre-Dame*, 40 ; la *Sainte-Chapelle.* 35 ; églises diverses, 20 ; le *Louvre*, 34 ; *Palais des Thermes*, 8 ; divers hôtels et maisons particulières, dont l'École des Beaux-Arts (restes du château de Gaillon), Hôtels de Hollande, de Beauvais, Salé, etc. 112 ; le *Pont-Neuf*, 12 ; l'église de Bagneux, 11.

218. Recueil de dessins de H. Labrouste, Clerget, Duc et Dommay, Baltard, etc., relatifs à divers monuments de Paris. En un vol. in-fol., demi-rel. dos et coins de mar. rouge, tète dor., éb. (*Petit.*)

> Recueil de 180 dessins destinés à être gravés dans des ouvrages périodiques sur l'architecture.
>
> En voici le détail sommaire :
>
> 1° *Labrouste*, 26 dessins de la bibliothèque Ste-Geneviève.
> 2° *Duc* et *Dommay*, 23 dessins du Palais de Justice.
> 3° *Clerget*, 19 dessins de la Mairie de Vincennes.
> 4° *Rolland*, 7 dessins de la Mairie du XIe arrondissement.
> 5° *Lecomte* et *Gilbert*, 8 dessins de la prison de Mazas.
> 6° *Baltard*, 4 dessins des Halles centrales.
> 7° *Hittorf*, 10 dessins du Cirque Napoléon.
> 8° Nombreux dessins sur l'Hôpital de la rue Picpus, l'Observatoire, l'Hôtel-de-Ville, l'église Ste-Clotilde, la Douane, etc.

219. Ancien Paris. 300 feuilles par A. P. Martial. *Paris*, (1843-)1866, 3 vol. in-fol., demi-rel. mar. rouge, *non rognés.* (*Petit.*)

> « La première de ces eaux-fortes a été faite en 1843, la dernière en 1866. — Sauf quelques dessins anciens, elles donnent une idée de l'état de Paris un peu avant et pendant cette période. »
>
> Exemplaire renfermant les épreuves en double état : AVANT et avec la lettre.

220. Paris démoli. Eaux-fortes de Martial et de M. Lalanne. *Paris*, 1868-1871, in-fol., demi-rel. dos et coins de mar. rouge.

> 12 planches gravées à l'eau-forte : Le Bal Mabille. — Rue de Lourcine. — Cuisine de l'Hôtel-Dieu, etc. Premières épreuves.

221. A. P. Martial. Paris intime. Notes et Eaux-fortes. *S. l. n. d.* (*Paris*, 1874), in-fol., pl., demi-rel. dos et coins de mar. rouge, tète dor., *non rogné.* (*Petit.*)

> Exemplaire sur papier vergé ; les eaux-fortes tirées avant l'aciérage des planches.

222. Les Boulevards de Paris, par A. P. Martial. *Paris*, 1877, pet. in-fol., demi-rel. dos et coins de mar. rouge, tète dor., éb.

> Suite de 45 planches gravées à l'eau-forte. Épreuves AVANT LA LETTRE tirées sur PAPIER DU JAPON.

223. Paris qui s'en va et Paris qui vient. Eaux-fortes, par Léopold Flameng. *Paris, Cadart, s. d.*, in-fol., cart. toile.

> 26 eaux-fortes, avec notices par Delvau, Th. Gautier, A. Houssaye, Muller, Duranty, etc.

224. Eaux-fortes sur le vieux Paris par Gabrielle Niel. (*Paris, vers* 1872), in-fol., *en feuilles.*

Suite de 10 pièces épreuves AVANT LA LETTRE.

Deux pièces ajoutées : Vue de l'Hôtel-Dieu et Salle des Pas-Perdus du Palais de Justice après l'incendie de 1871.

On y joint : 1° Eaux-fortes sur le vieux Paris, par Alf. Delauney. *Paris, s. d.,* 38 estampes AVANT LA LETTRE, *en feuilles.*

2° 8 vues diverses de Paris, par *Chauvet* et *Gosselin.*

Ensemble 58 pièces.

225. RECUEIL DE VUES DE PARIS dessinées par J. Chauvet de 1876 à 1893. En 2 portefeuilles in-folio.

Collection de 190 dessins à la plume, au crayon et à l'aquarelle, représentant des monuments ou coins pittoresques du Vieux Paris.

Cette collection présente un vif intérêt, car un grand nombre des maisons, hôtels, impasses dessinés par l'artiste, sont déjà tombés sous la pioche des démolisseurs.

Ces vues sont classées par arrondissements et par quartiers.

b. — MONUMENTS PUBLICS.

1. — Généralités.

226. Discours sur les Monumens publics de tous les âges et de tous les peuples connus, suivi d'une description de monument projeté à la gloire de Louis XVI et de la France. Par l'abbé de Lubersac. *Paris, impr. royale,* 1775, in-fol., pl., mar. rouge, dos orné, fil., tr. dor. (*Rel. anc.*)

Orné d'un frontispice gravé par *Née* et *Masquelier* d'après *Monnet,* et de 2 pl. par *Masquelier.*

Contient à la fin une partie en 74 pp. intitulée : *Observations particulières sur les Monumens de la Capitale de la France.*

Bel exemplaire aux armes de la comtesse d'ARTOIS.

227. Monuments publics de Paris, le Louvre, les Tuileries, le Luxembourg, les Invalides, etc. 70 estampes, *en feuilles.*

Planches de *Blondel, Marot, Silvestre, Chevotet,* etc.

228. Résidences de Souverains. Parallèle entre plusieurs résidences de souverains de France, d'Allemagne, de Suède, de Russie, d'Espagne, et d'Italie, par C. Percier et P. F. Fontaine. *Paris,* 1833, in-4 et album de plans in-fol., cart.

Palais du Louvre, des Tuileries, du Palais-Royal, du Luxembourg, de l'Elysée, châteaux de St-Cloud, de Versailles, de la Malmaison, palais projeté à Chaillot, etc.

229. Domaine de la Couronne et Domaine privé du Roi. *Paris,* 1836-1839, 8 vol. pet. in-fol., pl., demi-rel.

Le Palais des Tuileries. — Palais du Louvre. — Le Palais-Royal. — Château de St-Cloud. — Les deux Trianons. — Château de Neuilly. — Château d'Eu. — Château d'Amboise. Nombreuses figures en noir et coloriées.

2. — L'Hôtel-de-Ville, le Louvre, les Tuileries, le Luxembourg, les Invalides, etc.

230. Hôtel-de-Ville de Paris, mesuré, dessiné, gravé et publié par Victor Calliat, architecte. Avec une histoire de ce monument et des recherches sur le gouvernement municipal de Paris, par Le Roux de Lincy. *Paris,* 1844, in-fol., pl., demi-rel. dos et coins de mar. rouge, éb.

231. DÉTAILS DU PALAIS DU LOUVRE, dessins minutes par Le Dreux et Potain. 1749, in-fol., demi-rel.

Recueil unique formé au commencement du siècle, probablement par un des architectes chargés de l'entretien et des réparations du Louvre. Il comprend une série de 60 dessins, soit de détails d'architecture, soit de plans généraux et détaillés du Louvre des plus importants pour l'étude de l'architecture de cet édifice. A ces dessins sont jointes 31 planches de vues d'ensemble ou de détails de ce monument et 18 planches de projets divers de Percier, Fontaine, Perrault, pour la réunion du Louvre aux Tuileries.

232. Plans, Coupes et Elévations des ouvrages de charpente exécutés au Palais du Louvre depuis 1805 jusqu'en 1814. Mr Fontaine, architecte. Mr Bernier, inspecteur. (*Paris, vers* 1814), in-fol., demi-rel.

Soixante-six dessins à la plume avec légendes explicatives.

233. La Petite Gallerie du Louvre du dessein de feu M. Le Brun, dessinée et gravée par St-André. *Paris, s. d.,* in-fol., veau granit, fil. (*Rel. anc.*)

Cette suite se compose d'un titre et de 42 planches gravées assez rudement à l'eau-forte.

Ces planches attribuées par Heinecken à *Simon Renard de Saint-André,* doivent, d'après R. Dumesnil, être l'œuvre de son fils, *Louis de Saint-André,* à qui Basan les attribue également.

Cette suite fut publiée vers 1695 et se vendait chez *Saint-André,* qui d'après Mariette, était concierge au Louvre, et aussi chez *Duchange.*

On y joint la gravure par *St-André,* d'après *Lebrun,* du *Plafond du petit cabinet de S. M. au Louvre.*

234. Le Louvre et les Tuileries. 8 vol. et brochures.

L'ombre du Grand Colbert. Le Louvre et la ville de Paris. Dialogue (par Lafont de Saint-Yenne). *S. l.*, 1752, in-12, veau, (front. représentant la colonnade). — Le même. *La Haye*, 1749. — Mémoire sur la manière d'éclairer la galerie du Louvre, par Guillaumot, in-8. — Mémoire pour P. Bordes de Berchères (au sujet d'un incendie arrivé aux Tuileries), 1717. — Établissement des coffres du Trésor royal au Louvre, *Paris*, 1556. — Décret de la vente du mobilier des Tuileries. 1792.

235. Le Palais du Luxembourg, fondé par Marie de Médicis. Origine et description de cet édifice, principaux événements dont il a été le théâtre depuis sa fondation (1615) jusqu'en 1845, par M. A. de Gisors. *Paris, Plon frères*, 1847, in-4, fig. et plans, demi-rel. chagrin vert, *non rogné*.

Exemplaire en GRAND PAPIER.

236. La Gallerie du Palais du Luxembourg, peinte par Rubens, dessinée par les sieurs Nattier, et gravée par les plus illustres Graveurs du temps. *Paris, Duchange*, 1710, in-fol., titre, front. et pl. gravés, mar. rouge, dos orné, comp. dorés, tr. dor. (*Rel. anc.*)

Bel exemplaire, figures AVANT LES NUMÉROS. Portrait de Rubens ajouté. Cassures aux premiers feuillets.

237. Chambre de Marie de Médicis au palais du Luxembourg, ou recueil d'arabesques, peintures et ornements qui la décorent, dessiné par Dedaux, architecte, et gravé au trait par les meilleurs artistes. *Paris*, 1838, in-fol., pl., demi-rel. dos et coins de mar. rouge.

238. Veuë en perspective de l'élévation générale de l'hôtel royal des Invalides, avec ses dépendances et advenues..... *Paris, s. d. (vers* 1682), gr. in-fol., *en feuille*.

Grande estampe gravée par *Jean le Pautre*. Très belle épreuve.

239. Description générale de l'Hostel royal des Invalides établi par Louis le Grand dans la plaine de Grenelle près Paris. Avec les plans, profils et élévations de ses faces, coupes et appartemens. (Par de La Porte et publié par Le Jeune de Boullencourt). *A Paris, chez l'auteur*, 1683, in-fol., pl., mar. bleu, dos orné, double rangée de fil., tr. dor. (*Rel. anc.*)

Un frontispice et 18 planches hors texte par *Lepautre, J. Marot* et *D. Marot.*

240. Recueil de documents originaux manuscrits concernant l'église des Invalides. (*Paris*, 1685-1690), in-4, *en feuilles.*

Ces documents, relatifs à la construction du dôme, sont accompagnés de croquis explicatifs.

241. DESCRIPTION DE LA NOUVELLE EGLISE de l'hôtel des Invalides, par J. F. Félibien des Avaux. *S. l.*, 1704, ms. in-4 de 41 ff., mar. brun, dos orné, fil., doublé de mar. rouge, tr. dor. (*Rel. anc.*)

Manuscrit présenté au roi LOUIS XIV. Il porte à la fin la signature autographe de Félibien.

La reliure porte les armes et le chiffre du roi répétés sur les plats extérieurs et intérieurs.

242. Description de l'Eglise royale des Invalides, (par Félibien des Avaux). *A Paris, (de l'impr. de J. Quillau)*, 1706, in-fol., pl., mar. rouge, dos orné, fil., tr. dor. (*Rel. anc.*)

Frontispice représentant les Invalides. Nombreux en-têtes, lettres ornées, culs-de-lampe, etc.

La table donne les noms des artistes employés à la construction de l'église et la nature de leurs travaux.

Rare exemplaire avec bordures gravées à chaque page. Aux armes de France.

243. Description de la nouvelle église de l'hostel royal des Invalides, avec des figures contenant les peintures et autres ornements, par Félibien. *Paris*, 1706, in-12, fig., demi-rel.

Édition en 317 pp. avec figures.

On y joint : 1° Le même ouvrage. *Paris*, 1706, édition différente en 168 pp. avec figures.

2° Description de l'hôtel des Invalides. *Paris*, 1823, in-8, *broché.*

3° Les Invalides, par le colonel Gérard. *Paris*, 1862, in-8, fig., cart., *non rogné.*

244. Description historique de l'hôtel royal des Invalides, par M. l'abbé Pérau. Avec les plans, coupes, élévations géométrales de cet édifice et les peintures et sculptures de l'église, dessinées et gravées par le sieur Cochin, graveur du Roy. *Paris, G. Desprez*, 1756, in-fol., pl., veau marbré, dos et coins fleurdelisés, tr. dor. (*Rel. anc.*)

Les planches sont au nombre de 108 non compris le frontispice, les en-têtes et les culs-de-lampe.

245. Souvenir immortel aux artistes, petit recueil des tableaux superbes que l'on voit avec satisfaction dans l'Eglise royale des Invalides, gravés par de célèbres artistes... *Paris, Desnos*

(1785), in-24, pl., mar. rouge, dos orné, fil., tr. dor.
(*Rel. anc.*)

246. Les Portraits des hommes illustres françois qui sont peints
dans la galerie du palais Cardinal de Richelieu, avec leurs
principales actions, armes, devises, etc., gravez par les sieurs
Heince et Bignon. Ensemble les abregez historiques de leurs
vies composez par M. Vulson de la Colombiere. *Paris,
Edme Pepingué*, 1655, in-fol., veau granit.

Orné de 26 grands portraits de Du Guesclin, Clisson, Boucicaut, Jeanne d'Arc,
La Trimouille, Dunois, Bayard, Gaston de Foix, Montluc, Henri IV, Louis XIII,
Marie de Médicis, Anne d'Autriche, etc..

Le même volume renferme : Le magnifique chasteau de Richelieu, en général
et en particulier ou les plans, les élévations et profils généraux ou particuliers
dudit chasteau et ses avenues, basses-courts... escuries, manèges, jardins, etc.,
gravé et réduit au petit pied, par Jean Marot. *S. l. n. d.* (*vers* 1640), 3 ff. de
texte en longueur et 20 pl., plans et vues du château construit par J. Le Mercier.
Très bel exemplaire de ce rare ouvrage.

247. Le Palais Mazarin et les grandes habitations de ville et de
campagne au dix-septième siècle, par le Cte de Laborde.
Paris, A. Franck, 1846, in-8, demi-rel. dos et coins de mar.
brun, tête dor., *non rogné*. (*Petit*.)

Exemplaire avec les *Notes* tirées seulement à 150 exemplaires. Ces *Notes*,
fort curieuses, fourmillent d'anecdotes et de faits peu connus de l'histoire politique,
littéraire et artistique du XVIIe siècle.

Le même volume contient les *Première, deuxième* et *huitième Lettres sur
l'organisation des Bibliothèques dans Paris*.

248. Inventaire des merveilles du monde, rencontrées dans le
Palais du Cardinal Mazarin. *Paris, Rolin de la Haye*, 1649,
in-4, demi-rel.

On y ajoute : Avis du Parlement sur la vente de la bibliothèque de Mazarin,
par G. Naudé, 1649, brochure in-4.

249. PLANS DES HÔTELS DES MONNAIES de France au dix-huitième
siècle. En un vol. in-fol., veau marbré, fil., tr. rouge.

Ce volume renferme 68 plans des hôtels des monnaies d'Aix, Amiens,
Bordeaux, Dijon, Lille, Lyon, Metz, Nantes, Rennes, Rouen, Troyes, Strasbourg,
etc. exécutés dans la première moitié du XVIIIe siècle. Trois de ces plans sont
consacrés à l'ancien hôtel des Monnaies de Paris, alors situé sur la rive droite
de la Seine.

250. PLANS, COUPES ET ÉLÉVATIONS DE L'HÔTEL DES MONNOIES,
dessinés par J. D. Antoine. *S. l. n. d.*, en un vol. in-4,
veau. (*Rel. anc.*)

Le volume comprend 4 plans des différents étages, 5 coupes et élévations du monument, ensemble 9 dessins parfaitement exécutés par *Antoine*, l'architecte de la Monnaie.

Le volume est précédé d'une très jolie aquarelle de *Meunier*, signée et datée 1789, représentant la Monnaie et le quai Conti ; il contient aussi le dessin à l'aquarelle de la porte de l'Hôtel de Conti.

251. Plan de l'Hôtel des Monnaies de Paris. *Paris*, 1869, in-fol., demi-rel. dos et coins de mar. brun.

> Dix plans lavés à l'aquarelle, depuis les sous-sols jusqu'aux combles.
> On y joint : Plans des divers étages et coupe de l'hôtel des Monnaies à Paris, par J. D. Antoine. *Paris*, 1826, in-fol., cart., 12 pl. gravées par *Gaitte* et *Bénard*.

252. Recueil des différents plans et dessins concernant la nouvelle Halle aux Grains située aux lieu et place de l'ancien hôtel de Soissons, par N. Le Camus de Mezières, architecte. *Paris*, 1769, in-fol., pl., veau marbré.

> Volume présenté à J. Bignon, prévôt des marchands.
> Titre manuscrit, portrait de J. Bignon, par *de Launay*, dédicace gravée et 23 planches de plans et élévations gravées par *Poulleau*, *Michelinot*, etc.
> On y joint : Mémoire sur la colonne de la halle aux bleds, par Pingré. *Paris*, 1764, in-8, cart.

253. Marché des Blancs-Manteaux, par Pierre-Jules Delespine, architecte. Suivi du tombeau de Newton du même auteur. *Paris*, 1827, in-fol., 14 pl., demi-rel.

3. — Places. — Jardins et Promenades. — Ponts. — Fontaines.

254. Places, Portes, Statues et Monuments divers de Paris, 70 estampes des XVIIIe et XIXe siècles, *en feuilles.*

255. Mémoires historiques relatifs à la fonte et à l'élévation de la statue équestre de Henri IV sur le terre-plein du Pont-Neuf à Paris, avec des gravures à l'eau-forte représentant l'ancienne et la nouvelle statue, par M. Ch. J. Lafolie. *Paris, Lenormant*, 1819, in-8, mar. vert, dos orné, dent., tr. dor. (*Simier.*)

> Bel exemplaire aux armes du comte d'ARTOIS.

256. Histoire du Roy Louis le Grand par les médailles, emblèmes, devises, jettons, inscriptions, armoiries, et autres monuments publics, recueillis et expliqués par le P. Cl.

Fr. Menestrier. *Paris, J. B. Nolin*, 1691, pet. in-fol., veau, fil.

Ce volume, orné de nombreuses planches, contient une grande vue de la place des Victoires.

On a ajouté : La statue de Louis-le-Grand placé dans le temple de l'honneur, dessein du feu d'artifice dressé devant l'hôtel-de-ville de Paris, pour la statue du roy qui doit y être posée. *Paris*, 1689, in-4. — Notice sur la statue équestre de Louis XIV, fondue d'après le modèle de M. Bosio. *Paris*, 1822. — Le Louis XIV, du cavalier Bernin. — Notice sur la statue élevée à Louis XIII, en 1639, au milieu de la place Royale.

257. Description de ce qui a été pratiqué pour fondre en bronze d'un seul jet la figure équestre de Louis XIV élevée par la ville de Paris dans la place de Louis le Grand en 1699. Ouvrage françois et latin enrichi de planches en taille-douce. Par le sieur Boffrand. *Paris, Guill. Cavelier*, 1743, pet. in-fol., pl., veau marbré.

Planches gravées par *Tardieu* et *Blondel.*

258. Plan et Vues de la place Louis XV. *Paris, Le Rouge,* 1763, 4 ff. in-fol.

Statue équestre de Louis XV, par *Moreau.* — Façade du garde-meuble. — Terrasse des Tuileries. — Plan de la place Louis XV.

259. Monumens érigés en France à la gloire de Louis XV, précédés d'un tableau du progrès des arts et des sciences sous ce règne, suivis d'un choix des principaux projets qui ont été proposés pour placer la statue du Roi dans les différents quartiers de Paris , par M. Patte. Ouvrage enrichi des Places du Roi, gravées en taille-douce. *Paris, Desaint et Saillant,* 1765, in-fol., fig., mar. rouge, dos orné, fil., tr. dor. (*Rel. anc.*)

Très bel exemplaire de cet ouvrage illustré d'un fleuron sur le titre, de 2 vignettes par *Patte* et de 57 grandes planches dont plusieurs se déplient, dessinées par *Patte, Marvie, Le Carpentier, Boffrand, Slotz*, etc., représentant la Place Louis XV à Paris, la Madeleine, les Places royales de Bordeaux, de Rennes, de Nancy, de Reims, de Rouen, etc., etc.

260. Description des travaux qui ont précédé, accompagné et suivi la fonte en bronze d'un seul jet de la statue équestre de Louis XV (sur la place Louis XV) ; dressée sur les mémoires de M. Lempereur, par M. Mariette. *Paris, Le Mercier,*

1768, in-fol., pl., mar. rouge, dos orné, dent., tr. dor. (*Rel. anc.*)

58 grandes planches. La dernière, gravée par *Prévost*, représente le monument achevé.

Jolie vignette en-tête de *Gravelot*, gravée par *Saint-Aubin*, représentant l'inauguration de la statue.

Bel exemplaire aux armes de LE PELLETIER DE SAINT-FARGEAU.

261. La Colonne de la Grande Armée d'Austerlitz ou de la Victoire, monument triomphal, érigé en bronze, sur la place Vendôme de Paris. Description, accompagnée de 36 planches, par Tardieu. *Paris, Tardieu,* 1822, in-4, fig., cart., *non rogné.*

262. Promenades de Paris, ou collection de vues pittoresques de ses jardins publics par R. J. Durdent, gravée et publiée par Schwartz. *Paris, Le Normand,* 1812-1813, in-4 obl., cart. vélin, *non rogné.*

Trois parties consacrées aux jardins des Tuileries, du Palais-Royal et des Plantes. Chaque partie est ornée d'un titre gravé et de 4 planches.

On y joint une suite de 4 planches : Vues du Luxembourg ; le texte de cette partie ne paraît pas avoir été publié. Ensemble 19 planches par *Muller, Regnier, Hédouin, Palaiseau,* etc.

263. Les Promenades de Paris. Histoire, description des embellissements, dépenses de création et d'entretien des bois de Boulogne et de Vincennes, Champs-Élysées, parcs, squares, boulevards, places plantées. Etude sur l'art des jardins et arboretum, par A. Alphand. 487 gravures sur bois, 80 sur acier, 23 chromolithographies. *Paris, J. Rothschild,* 1867-1873, 2 vol. gr. in-fol., demi-rel. dos et coins de mar. rouge, *non rognés.*

Très bel ouvrage.

Exemplaire en GRAND PAPIER avec les planches tirées sur CHINE.

264. Jardins et Promenades de Paris. 7 vol. in-8 et in-4.

Description des statues (du jardin) des Tuileries, par Millin. *Paris,* 1708, in-12, *broché.* — Promenade des Tuileries. *Paris,* 1821, in-8, *broché.* — Les Vieillards de la Petite-Provence, par Paillet. *Paris,* 1834, in-8, cart. — Note sur la plantation des mûriers faite en 1601 dans le Jardin des Tuileries. *Paris,* 1836, in-8, *broché.* — Notice sur le bois de Boulogne. *Paris,* 1855, in-8, demi-rel. — Les Buttes-Chaumont, notice par G. Boué. *Paris,* 1867, in-8. — Le Cours de la Reyne, ou le Promenoir des Parisiens, 1649, in-4, demi-rel.

265. La Pourmenade du Pré aux Clercs, 1622. — Le Satyrique renversé (ou l'anti-pourmenade du Pré aux Clercs), 1622. En un vol. pet. in-8, mar. rouge, double rangée de fil. (*Petit.*)

> Curieux pour l'histoire des mœurs parisiennes au XVIIe siècle.
> On y joint : Satyre nouvelle sur les promenades du cours de la Reine, des Thuilleries et de la porte St-Bernard. *Paris*, 1699, in-8, cart.

266. Le Palais-Royal (par Restif de la Bretonne). *Londres* (*Paris*), 1792, 3 vol. in-12, fig., demi-rel. dos et coins de mar. rouge, tête dor., éb.

> Exemplaire avec les 3 curieuses figures. Celle de la *Colonnade* est accompagnée de son eau-forte, vignette des plus intéressantes dans cet état particulier.

267. Palais-Royal. *Paris*, 1787-1819, 5 vol. in-12, demi-rel. et cart.

> Les Lampions du Palais-Royal. *Meaux*, 1787, fig. — Tableau du nouveau Palais-Royal (par Mayeur de Saint-Paul). *Paris*, 1788, fig. — L'Optique du jour ou le foyer de Montansier, par Joseph R. (Rosny). *Paris*, 1799, fig. — Le Palais-Royal en miniature (par L. Thiessé). *Paris*, 1816, fig. — Les Cafés de Paris (par Bazot). *Paris*, 1819.

268. Almanach du Palais-Royal pour l'année 1785. *Paris*, Royez, 1785, in-16, mar. rouge, fil., tr. dor. (*Rel. anc.*)

> Aux armes du duc de PENTHIÈVRE.

269. JARDIN DE MONCEAU, près de Paris, appartenant à S. A. S. Mgr. le duc de Chartres. *Paris, Delafosse*, 1779, in-fol., pl., demi-rel.

> Joli volume orné de 18 planches dessinées par *Carmontelle*, gravées par *Bertault, Michault, Le Roy, Couché*, etc.
> Les plats de la reliure portent les armes de SUÈDE.

---

270. DÉPLORACION DU PONT DE NOTRE-DAME de la cité de Paris, nagueres péry et fondu auecques aultres merveilles advenuz puïs en dix ans ença en la dicte cité. *S. l. n. d.*, in-4, vélin, milieux.

> Ce fut le 15 octobre 1499 que le Pont Notre-Dame, qui depuis longtemps menaçait ruine, s'écroula dans la Seine, faisant de nombreuses victimes.
> La *Déploration* ci-dessus, œuvre anonyme d'un poète contemporain, se compose de 13 strophes faisant allusion à des événements sinistres, qui devaient faire prévoir la catastrophe de 1499.
> Ce manuscrit du commencement du XVIe siècle, écrit sur papier se trouve à la suite de : *La Justification de Mons.¹ le duc de Bourgoingne, conte de Flandres*,

d'Artois et de Bourgoingne, sur le fait de la mort et occision de feu le duc d'Orléans, proposée par maistre Jehan le Petit, docteur en théologie et conseillier du dit duc de Bourgoingne, le viii jour de mars l'an* 1407, manuscrit sur papier de 56 feuillets.

Le même volume renferme : *Les noms des douze pers de france et après les duzcs et contes du royaulme. — L'épitaphe du feu duc Charles de Bourgogne escripte sur sa tombe à Dijon. — Liste des éveches et de leurs suffragants.*

Ce ms. provient de M. A. BONNARDOT. Cet amateur l'a communiqué à M. Le Roux de Lincy qui a publié en 1843 une réimpression annotée de la *Déploration*, dont un exemplaire est joint au volume.

271. Arrest de la Cour de Parlement, donné en conséquence du feu advenu à Paris, qui a embrazé et consommé le Pont aux Changeurs et Pont Marchant et quelques maisons prochaines. Par lequel est pourveu a la nécessité des marchands qui ont perdu leurs biens audit Incendie et qu'à l'advenir pareil inconvenient n'arrive. *Paris, F. Morel,* 1621, pet. in-8 de 12 pp., mar. rouge, double rangée de fil., tr. dor.

Secours donnés aux marchands ; précautions à prendre en cas d'incendie ; destruction des échoppes du Palais-Royal du côté du quai, etc.

On y joint: Felicitatis et justitiæ comes deorum invidia atque hinc pontes igne absumpti. Auct. H. Duverger. *Parisiis,* 1621, in-4, *dérelié.*

272. Ponts de Paris. 14 vol. in-4, in-8 et in-12.

Le Pont-Neuf frondé. *Paris,* 1652, in-4, demi-rel. — Histoire du Pont-Neuf en six volumes. 1750, in-8, cart. — Le Pont-Neuf, poème héroïque et badin (par Levavasseur). *Paris,* 1823 (2 ex.). — Projet d'un monument à élever sur le terreplein du Pont-Neuf. — Vue du Pont-Neuf. *Paris,* 1819. — Histoire du Pont-Neuf, par Edouard Fournier. *Paris,* 1862, 2 vol. in-12, front., demi-rel. — Plan et élévation du pont de la Cité, in-4, demi-rel. — Affaire des trois ponts des Arts, d'Austerlitz et de la Cité, in-8, demi-rel. — Statues du pont Louis XVI, par Fremy. *Paris,* 1828, in-8, etc.

---

273. Fontaines publiques et monumentales de Paris, 140 estampes, *en feuilles.*

Contient la représentation de nombreuses fontaines disparues aujourd'hui.

Un certain nombre d'estampes ont été gravées au siècle dernier, plusieurs sont imprimées en couleur.

On y joint: Lettre au sujet de la fontaine de la rue de Grenelle, 1746, in-4, demi-rel.

274. Nouvelle Méthode de fortifier les plus grandes villes, suivie de dissertations sur la machine de Marly, sur les pompes du pont Notre-Dame et de la Samaritaine, etc., par

M. de La Jonchère. *Paris,* 1718, in-12, pl., mar. rouge, fil.,
tr. dor. (*Rel. anc.*)

Le volume renferme plusieurs figures consacrées à la machine de Marly, à la
Pompe de la Samaritaine, etc.
Bel exemplaire aux armes de PHÉLYPEAUX DE PONTCHARTRAIN.

275. Almanach de la Samaritaine avec ses prédictions pour
l'année 1788. *Au château de la Samaritaine et se trouve à
Paris,* 1788, in-12, front., veau.

Le frontispice colorié représente l'horloge de la Samaritaine.

276. Détails de fontaines et prises d'eau de Paris. *Paris.* 1798,
in-fol., *en feuilles.*

Suite de 13 grands dessins à l'aquarelle de *Jomard,* architecte, représentant
les plans, coupes, élévations et détails des fontaines de la rue de Grenelle, de
l'Abbaye St-Germain, de St-Victor, de la rue Taranne, de la place Cambray, de
St-Séverin, etc., etc.

277. Fontaines monumentales construites à Paris et projetées
pour Bordeaux, par Ludovic Visconti. Publié par Léon
Visconti. *Paris, Firmin-Didot,* 1860, in-plano, *en feuilles*
dans un carton.

2 portraits et 14 planches gravées par *Pfnor.*

4. — Théâtres.

278. Dictionnaire portatif, historique et littéraire des Théâtres,
contenant l'origine des différens théâtres de Paris, le nom
de toutes les pièces qui y ont été représentées depuis leur
établissement, etc., par M. de Léris. *Paris, Jombert,* 1763,
in-8, veau fauve, dos orné, fil., tr. dor. (*Rel. anc.*)

Bel exemplaire.

279. Architectonographie des Théâtres, ou parallèle historique
et critique de ces édifices considérés sous le rapport de
l'architecture et de la décoration, par Alexis Donnet,
Orgiazzi et Kaufmann. *Paris,* 1837-1840, 2 vol. in-8 et un
album in-4, demi-rel. mar. rouge, tête dor.

Consacré aux théâtres parisiens.
L'Atlas renferme 24 dessins originaux dont 9 à l'aquarelle par *Kauffmann*
restés inédits.
On a relié à la suite de l'Atlas : Recueil de décorations théâtrales par
L. Larbouillat. *Paris,* 1830, 34 pl. au trait.

280. Description abrégée de la Nouvelle Salle de la Comédie française (aujourd'hui l'Odéon), arrettée par le Roy pour être exécutée sur le terrein de l'hôtel de Condé, sous les ordres de M. le Marquis de Marigny... par les S^rs De Wailly et Peyre, architectes de Sa Majesté. *S. l. n. d.* (*Paris, vers* 1780), in-fol., veau.

Manuscrit sur papier composé de 32 feuillets.

Ce qui lui donne un grand intérêt, c'est qu'il est orné de 18 dessins originaux de *Moreau le jeune.*

Parmi ces dessins nous devons signaler en raison de leur importance : 1° le frontispice, grand dessin à la plume et à l'encre de Chine parfaitement traité. Cette composition allégorique où figurent sept personnages porte la signature de l'artiste.

2° Une vue générale du théâtre de l'Odéon, la façade animée de nombreux personnages, très joli dessin à la plume et à l'encre de Chine.

3° Une coupe sur le foyer et la salle du théâtre dans le sens de la largeur. Beau dessin à la plume, rehaussé d'aquarelle.

4° Une coupe sur le foyer dans le sens de la longueur. Charmant dessin à la sépia, animé d'une multitude de spectateurs.

Les autres dessins représentent les façades, loges et plans du théâtre.

En plus des dessins de *Moreau,* le volume renferme une jolie gouache de *Lallemand,* vue perspective de l'Odéon ; cette gouache a été gravée dans la Description de Paris de la Borde et Guettard.

281. Projet d'une salle de spectacle à élever dans la cour du Carroussel, par Boullée, architecte du Roy. *S. l. n. d.* (*Paris, vers* 1785), in-4, mar. vert, dent. (*Rel. anc.*)

Plan général de la place et plan de la salle de spectacle, 2 dessins lavés à l'aquarelle. A la suite : Plan du château de Versailles avec l'indication de nombreuses modifications, grand dessin au lavis.

282. Vues de Paris dessinées et gravées par Dorgez. *S. l. n. d.* (*Paris, vers* 1810), in-8, veau, fil., tr. dor.

Très rare recueil comprenant 35 vues, imprimées en couleur, des principaux théâtres, jardins et lieux de plaisirs de Paris, tirées une ou deux sur chaque feuille. Plusieurs de ces figures portent le monogramme de l'artiste.

c. — Hôtels. — Maisons particulières.

283. Hôtels et maisons particulières de Paris. 110 estampes, *en feuilles.*

La plupart de ces planches sont extraites de l'*Architecture françoise* de *Mariette.*

284. Hôtels de Paris. 3 dessins et brochures.

1° Plan de l'hôtel de Thélusson, rue de Provence. Dessin à l'aquarelle par *Le Doux* ? Avec l'indication des modifications à apporter sur l'ordre du général Murat.

2° Plans des hôtels Rapp, rue Plumet, et de Greffulhe, rue d'Astorg, 2 dessins à l'aquarelle.

3° Notices sur les hôtels Clisson, de Beauvais, Lassay, de la Présidence, de Ponthieu, de la Trimouille, de Lens, etc.

285. RECUEIL DES PLANS, COUPES ET VUES DES PLUS JOLIES MAISONS DE PARIS, suivi de divers projets d'architecture. *Paris, Joubert, s. d. (vers* 1795), in-fol., veau marbré, dos orné, double rangée de fil., tr. rouge. (*Petit.*)

Cet ouvrage rarissime comprend 40 planches de vues et plans d'hôtels et monuments particuliers de Paris, gravés au trait à la fin du siècle dernier par *Prieur* et *Van Cleemputte*. Chaque planche donne plusieurs vues intérieures ou extérieures de l'édifice, ses plans généraux ou particuliers.

Parmi les maisons représentées, citons le nouveau Théâtre français, le théâtre des Variétés, le théâtre de la rue Feydeau, les Hôtels Thélusson, du comte de Taunay, du prince de Salm, du marquis de Brunoy, les maisons de Mlle Guimard, de la citoyenne Dervieux, etc.

Ces 40 planches gravées au simple trait, sont dans cet exemplaire parfaitement coloriées à l'aquarelle par *Tardieu*, *Moitte*, *La Barre*, et constituent autant de très jolis dessins originaux. 15 planches sont en double, en noir.

Le même volume contient : 1° 14 pl. (dont 4 coloriées) de projets de monuments parisiens.

2° 3 vues diverses de Notre-Dame, gravées en couleur par *Chapuy*, très rares épreuves AVANT LA LETTRE.

3° Un plan au lavis de l'hôtel Thélusson.

4° Un titre manuscrit, orné à l'aquarelle.

286. Plans, coupes, élévations des plus belles Maisons et des hôtels construits à Paris et dans les Environs... publiés par J.-Ch. Krafft, architecte, et N. Ransonnette, graveur. *Paris*, 1801-1802, in-fol., pl., demi-rel. vélin.

Vingt livraisons contenant 120 planches au trait, donnant les vues de nombreuses maisons de Paris à la fin du siècle dernier.

L'ouvrage est précédé d'un grand frontispice.

287. Habitations des personnages les plus célèbres de France depuis 1790 jusqu'à nos jours. Dessinées d'après nature par Aug. Regnier, et lithographiées par Champin. (*Paris, vers* 1835), gr. in-4, demi-rel. dos et coins de mar. rouge, tête dor., *non rogné*.

Cent planches lithographiées.

On y a ajouté 30 dessins originaux de *Regnier* au crayon noir, 8 dessins par divers artistes dont deux par *Ransonnette*, représentant l'ancien Cimetière de

Sainte-Marguerite, avec la sépulture de Louis XVII. Un troisième dessin à la plume donne le plan de ce cimetière avec l'endroit exact où reposaient les restes du Dauphin.

288. Parallèle des Maisons de Paris, construites depuis 1830 jusqu'à nos jours, dessiné et publié par Victor Calliat, architecte. *Paris, Bance*, 1850, in-4, demi-rel. veau.

Titre et 124 dessins originaux à la plume et au lavis ayant servi de modèles aux gravures.

289. PLANS DE L'HOTEL STE MESME, Cloistre St Jean en Grève. Sur l'état qu'elle (*sic*) étoit en 1719. In-fol. de 16 ff., veau marbré. (*Rel. anc.*)

L'Hôtel de Ste-Mesme, encore connu sous le nom d'hôtel du *Pet au Diable* était un des monuments les plus curieux du vieux Paris.

Cet hôtel renfermait une haute tour carrée datant de la fin du XIIIᵉ siècle ou du commencement du XIVᵉ, dont la construction a été attribuée aux Templiers.

L'Hôtel et la Tour ont disparu en 1843, époque à laquelle l'Hôtel de Ville fut dégagé et la rue Lobau agrandie. L'histoire de cet hôtel que l'on trouve cité par Sauval, l'abbé Lebeuf, Jaillot, etc. a été faite d'une façon complète par M. Bruel dans les *Mémoires de la Société de l'Histoire de Paris* (tome XIV), M. Bruel nous donne les noms des possesseurs de cet hôtel depuis 1379, époque à laquelle il fut acheté par Raoul de Coucy. En 1719, quand fut exécuté notre ms., l'hôtel venait d'être acquis par G. Le Roy, avocat au Parlement.

Le présent volume comprend : 1° Un f. sur lequel sont dessinées les armoiries de G. Le Roy et de sa femme Claude de Vissinier, 2° un f. pour le titre, 3° 10 plans de l'hôtel depuis les toits jusqu'aux caves, 4° une vue générale de l'hôtel sur la rue du Pet-au-Diable, 5° la façade sur la cour, 6° une coupe en largeur dans laquelle on distingue la coupe de l'ancienne tour avec son architecture ogivale (une reproduction de ce dessin accompagne la notice de M. Bruel), 7° le dessin d'un monogramme formé des lettres L.-B., qui sont les initiales de l'auteur des dessins. Cet auteur doit être *P. Le Besgue* qui a exécuté de la même manière les plans et élévation d'une maison sise rue St-Germain-l'Auxerrois(voy.le nᵒ suivant).

Une des dernières vues de l'hôtel qui aient été faites est celle insérée en 1838 dans le *Paris historique* de Ch. Nodier.

Le nom de *Pet au Diable* donné à la rue, à l'hôtel et à la tour provenait, croit-on, d'une pierre fixée au chevet de l'église St-Jean-en-Grève, dite *Pierre du Pet au Diable*.

290. Plans, élévations et coupes des maisons appartenantes aux dames de l'abbaye royalle d'Hautte Bruyerre, sizes à Paris ruë St Germain de l'Auxerrois, vis à vis les greniers à sel. Presenté par Pierre Le Besgue, juré expert, demeurant à Paris, rue St Martin. *Paris*, 1734, pet. in-fol. oblong, veau marbré.

Titre manuscrit orné d'un grand fleuron aux armes royales, 11 dessins, élévation et plans de la maison et 1 f. pour un chiffre de *Le Besgue*, auteur de ces dessins.

Les dessins du volume qui précède ont été également exécutés par *P. Lebesgue*.

291. LES PEINTURES DE CHARLES LE BRUN ET D'EUSTACHE LE
SUEUR, qui sont dans l'hôtel du Chastelet cy devant la
maison du Président Lambert. Dessinées par Bernard
Picart et gravées tant par lui que par différents graveurs.
L'on y a joint les plans et les élévations de cette belle
maison avec sa description et celle de tous les sujets qui
sont représentés dans les tableaux. *Paris, Duchange*, 1740,
in-fol., titre gravé et pl., mar. rouge, dos orné, fil., tr. dor.
(*Rel. anc.*)

> Superbe exemplaire en PAPIER FORT de ce bel ouvrage, reproduisant les belles
> peintures de Lebrun et de Le Sueur qui décoraient l'hôtel du président Lambert,
> peintures qui sont passées en partie au Louvre. L'ouvrage est orné de 22 estampes
> gravées par *Picart, Duflos, Duchange, Dupuis, Desplaces* et *Beauvais*, et de
> 6 figures de plans et élévations de l'hôtel. Trois des pl. représentent : le *Cabinet
> de l'Amour*, le *Cabinet des Muses* et la *Vue de la Galerie.*
>
> On a relié à la suite : *La Gallerie de Monsr le Président Lambert, représentant
> l'Apothéose d'Hercule... Ce sujet est peint par le fameux Charles Le Brun et
> gravé par les soins... de B. Picart.* Paris, Duchange, s. d., in-fol., titre gravé,
> dédicace et 14 pl.
>
> On a ajouté les portraits du Président Lambert et de sa femme, Marie de
> l'Aubespine, gravés par *Drevet* d'après *Largillière.*

292. Plans et élévations du Palais de S. A. S. le prince Camba-
cérès, archichancelier de l'Empire, duc de Parme, par
Benard, architecte. *Paris*, 1808, in-4, mar. rouge, dos orné,
dent., tabis, tr. dor. (*Rel. anc.*)

> Manuscrit comprenant 3 ff. de texte calligraphié et 7 dessins lavés, plans et
> vue de l'hôtel occupé aujourd'hui par le Ministère des Travaux publics.

293. Plan et élévation de l'Hôtel de Mlle Mars, rue de la Tour-
des-Dames. (*Paris, vers* 1825), in-fol., cart.

> Sept dessins à la plume lavés à l'aquarelle, par *Louis Visconti*, l'architecte de
> l'hôtel de Mlle Mars.

III. — HISTOIRE RELIGIEUSE.

1. — *Liturgie.*

a. — LITURGIE DU DIOCÈSE.

294. Breviarium Parisiense, Ill. et Rev. C. G. G. de Vintimille,
Parisiensis Archiepiscopi...; autoritate ac venerabilis ejusdem

Ecclesiæ Capituli consensu editum. *Parisiis*, 1736, 4 vol. in-4, fig., mar. rouge, fil., tr. dor. (*Rel. anc.*)

Première édition du Bréviaire de Paris, donnée par M. de Vintimille. Elle est ornée de 12 jolies figures de *Boucher*, gravées par *Le Bas*, dont 4 frontispices donnant des vues de Paris.

Reliure fatiguée.

295. MISSALE PARVUM AD USUM INSIGNIS ECCLESIÆ PARISIENSIS nuper Parisiis accuratissime castigatissime quæ impressum cum pluribus missis nativis. (In fine :) *Impressum autem parisiis per Wolffgangum hopylius, impensis honestorum virorum Simonis Vostre, atque Thielmanni Kerver, anno millesimo quingentesimo quinto* [1505] *kalendas Augusti*, in-8 goth., impr. en rouge et noir, veau brun estampé.

Ce Missel à l'usage de Paris est la réimpression de celui de 1481, édité par Louis de Beaumont, évêque de Paris, qui avait chargé Jean le Munerat de sa confection.

Cette édition de 1505 n'est connue que par trois exemplaires, deux conservés à la Bibliothèque nationale et à la Bibliothèque Ste-Geneviève et celui-ci.

Bel exemplaire, grand de marges, dans sa première reliure.

296. CY COMMENCENT LES EPISTRES ET LES EVVANGILES de tout l'an selon l'ordonnance du Messel a lussage de Paris translatées de latin en françois par frère Jehan de Vignay de l'ordre du hault pas a la requeste madame la Royne Jehanne de Bourgoigne jadis femme de Phelipe de Valois roy de France ou temps qu'il vivoit. Ce fut l'an de grace mil ccc xxxvi [1336] ou moys de may xii iour entrant. (A la fin) : *Cy fenissent les epistres et evvangilles de tout l'an selon l'usage de Paris.* In-fol. de 107 ff. chiffr. à 2 col., mar. bleu, dos orné, fil., tr. dor. (*Rel. anc.*)

Précieux manuscrit sur VÉLIN de la fin du quatorzième siècle ou du commencement du quinzième. Il comprend 107 ff. numérotés d'une bonne écriture ronde, les têtes de chapitres en rouge.

Le volume est orné au premier feuillet d'une grande miniature en grisaille représentant le Christ entouré des symboles des quatre Évangélistes et au-dessous le traducteur Jehan de Vignay. Il contient en outre 19 miniatures en grisaille de la largeur d'une colonne.

Cette traduction des *Évangiles*, œuvre de Jehan de Vignay, de l'ordre des Hospitaliers de St-Jacques du Hault-Pas, ne paraît pas avoir été imprimée. Un ms. du commencement du XVe siècle, conservé à la Bibliothèque nationale, porte en tête la date du 13 mai 1326, date qui figurait également sur un ms. du duc de La Vallière (n° 263). Un autre ms. du fonds Barrois (n° 195), portait la date de 1336, ce qui laisse un doute sur l'époque exacte à laquelle J. de Vignay fit sa traduction.

De la bibliothèque du comte de BRANCAS DE LAURAGUAIS.

297. Livre d'Église à l'usage de Paris pour la commodité des laïques. *Paris, Fr. Muguet*, 1681, in-12, front. et fig., mar. rouge, dent., tr. dor. (*Boyet.*)

> Livre de prières composé à l'usage du président Lambert de Thorigny dont les armes ornent la doublure.

b. — Liturgie spéciale des églises de Paris.

298. Offices propres de l'Eglise royale et paroissiale de S.-Germain-l'Auxerrois. *Paris, Hérissant*, 1745, in-12, mar. rouge, dos orné, dent., tr. dor. (*Rel. anc.*)

299. Offices de Saint-Gervais Saint-Protais. 3 vol. in-8, mar., fil., tr. dor. (*Rel. anc.*)

> Officium SS. Gervasii et Protasii ad usum ecclesiæ parochialis. *Parisiis*, 1651, front. — L'Office de S. Gervais et de S. Protais. *Paris*, 1706. — Le même. *Paris*, 1740.

300. Offices propres de l'Eglise paroissiale, érigée à Paris sous le titre de S. Hilaire, évêque de Poitiers, avec préface et additions par Bellanger. *Paris, Lottin*, 1768, in-8 réglé, mar. vert, dos orné, dent., tr. dor. (*Rel. anc.*)

301. Office de Saint-Jacques le Majeur nouvellement dressé pour l'église paroissiale de Saint-Jacques de la Boucherie, selon le bréviaire de Paris. *Paris, Prault*, 1754, in-12, portr., mar. bleu, dos orné, dent., tr. dor. (*Rel. anc.*)

> Bel exemplaire dans une jolie reliure ancienne, portant parmi les ornements, les gourdes des pèlerins de St-Jacques.

302. Offices de Saint-Jacques de la Boucherie. 4 vol. in-12.

> Office de Saint-Jacques le Majeur. *Paris*, 1769, portr., mar. rouge. — Office propre de S. Charles Borromée, à l'usage de S. Jacques la Boucherie. *Paris*, 1738, mar. noir. — Confrairie du S.-Sacrement à S.-Jacques la Boucherie. Exercices spirituels. *Paris*, 1740, mar. rouge. — Ordre des Cérémonies qui doivent s'observer à la bénédiction d'une cloche. *Paris*, 1780, veau.

303. Propre de l'Eglise paroissiale de S. Paul. Latin-françois. *Paris, Lamesle*, 1714, in-12, portr. — Propre de l'Eglise royale et paroissiale de S. Paul. Latin-françois. *Paris, Bullot*, 1732, in-12, fig. Ens. 2 vol. in-12, mar. rouge, dos orné, dent., tr. dor. (*Rel. anc.*)

304. Sϵϵϵ qui se chantent pendant l'année en l'église de St-Roch. *Paris, Langlois,* 1754, in-12, mar. rouge, dos orné, dent., tr. dor. *(Rel. anc.)*

> Riche reliure portant les armes de Marie-Louise-Victoire, duchesse de GϵϵϵMONT, née en 1723, morte en 1756. Conservation parfaite.

305. Offices de diverses églises de Paris. 6 vol. in-12, veau et mar. rouge. *(Rel. anc.)*

> 1° Office de Saint-Benoît. *Paris,* 1757. (Dans le même vol. : Chronologie des curés de St-Benoît, par Bruté. 1752).
> 2° Offices de St-Etienne du Mont. *Paris,* 1771.
> 3° Offices propres de Ste-Geneviève. *Paris,* 1667.
> 4° Offices de St-Jean en Grève. *Paris,* 1742.
> 5° Offices de St-Landry. *Paris,* 1745.
> 6° Offices de St-Louis en l'Isle. *Paris,* 1742.

c. — LITURGIE SPÉCIALE DES COMMUNAUTÉS RELIGIEUSES.

306. Heures latines et françoises à l'usage de l'Ordre de S. Benoist. *Paris, P. de Bats,* 1693, in-12 réglé, front., mar. rouge, fil., tr. dor. *(Rel. anc.)*

307. Officia propria Congregationis Oratorii Domini Jesu. *Parisiis, Seb. Huré,* 1653, in-12, mar. noir, fil., tr. dor. *(Rel. anc.)*

> Exemplaire portant la devise de l'ORATOIRE.

308. Rituel à l'usage des Religieuses Bénédictines de l'Abbaye royalle de Nostre-Dame du Val-de-Grâce. Qui peut être très utile à toutes les autres religieuses. *Paris, R. Ballard,* 1665, pet. in-4 réglé, mar. noir.

309. Offices et rituels de l'Abbaye de Montmartre. 4 vol. in-8.

> Forme et manière de donner l'habit de novice aux filles de l'ordre du glorieux S. Benoist, et les recevoir à profession selon la manière et coustume de Montmartre. *Paris,* 1629, vélin. — Offices propres des Saincts de la royale Abbaye de Montmartre lez Paris. *Paris,* 1658, *dérelié.* — Rituel monastique pour l'abbaye royale de Montmartre. *Paris,* 1664, mar. noir. — Processional monastique de l'Abbaye royale de Montmartre. *Paris,* 1676, mar. noir.

310. SϵϵSUYT PLUSIEURS DEVOTES OϵϵSONS et Méditations pour

chacune feste de l'an. *S. l. n. d.*, ms. in-8, veau, milieux
dorés et fil., tr. dor. et ciselée, clous. (*Rel. originale*).

> Curieux manuscrit du XVᵉ siècle, écrit pour un ordre religieux de femmes.
> On lit sur la garde : *Pour le couvent des Filles-Dieu de Paris.*

311. L'OFFICE de S. Vincent de Paul, instituteur de la Congrégation de la Mission et de la Compagnie des Filles de la
Charité. *Paris, Veuve Mazières,* 1745, pet. in-8, portr., mar.
rouge, dos orné, larges dent., tr. dor. (*Rel. anc.*)

> Très joli volume aux armes de la reine MARIE LECZINSKA. Parfaite conser-
> vation.

d. LITURGIE DES CONFRÉRIES PARISIENNES.

312. L'Office de Sainct Eloy, evesque et confesseur. Ensemble
l'office de la nuict de Noël, par Nicolas Langevin, chapellain
de la chapelle aux Orfévres. *Paris, Math. Colombel,* 1645,
pet. in-8, mar. rouge, dos orné, double rangée de fil., tr.
dor. (*Rel. anc.*)

> La Chapelle de la confrérie des orfèvres était située rue des Orfèvres.
> Bel exemplaire dans une jolie reliure.

313. L'Office de S.-Louys, Roy de France et Confesseur. Avec
quelques autres prières tirées du Bréviaire de Paris. *Paris,*
1690, in-12 réglé, front., mar. rouge, dos orné, fil., tr. dor.
(*Rel. anc.*)

> Imprimé aux frais du Corps des marchands merciers, grossiers et joailliers
> de la ville de Paris.

314. L'Office S. Louys, Roy de France, à l'usage de Messieurs
les Marchands Merciers, Grossiers et Jouailliers de Paris.
Paris, 1742, in-12, réglé, mar. rouge, tr. dor. (*Rel. anc.*)

> La Confrérie des Merciers était dans l'église du Saint-Sépulcre, rue Saint-
> Denis.

2. — *Histoire ecclésiastique.*

315. Classement général des paroisses des 22 élections de la
Généralité de Paris, arrêté en exécution de l'article xiv de la

première partie de la déclaration du Roi du 11 août 1776, fait par les députés des paroisses et déposé aux greffes des élections en 1780 et 1781. *S. l.*, pet. in-4, mar. rouge, dent., tr. dor. (*Rel. anc.*)

Manuscrit du XVIIIe siècle, d'une bonne écriture.

Liste des paroisses avec le taux moyen des impôts. A la fin un grand tableau de la *Taille réelle dans les départements de la généralité de Paris en 1784*.

Aux armes de BERTHIER, seigneur de Sauvigny, intendant de la Généralité de Paris.

316. Eloges historiques des Evesques et Archevesques de Paris, qui ont gouverné cette Eglise depuis environ un siècle, jusques au décès de M. François de Harlay-Chanvalon, (par Fr. de Martignac). *Paris, Fr. Muguet*, 1698, in-4, portr., veau.

Eloges de Pierre de Gondy, Henry de Gondy, François de Gondy, Paul de Gondy, cardinal de Retz, H. de Péréfixe et Harlay de Chanvallon. 6 beaux portraits gravées par *Duflos*. Mouillures.

317. Vies de divers personnages religieux du diocèse de Paris. 4 vol. in-12.

1. Vie de J. J. Olier, 1687, in-12, veau.

2. Vie de M. de Paris, 1732, in-12, veau.

3. Vie de Marie Lumague, veuve de M. Pollalion, institutrice des Filles de la Providence, par Collin. *Paris*, 1744, in-12, portr., veau.

4. Vie du P. S. Gourdan, 1755, in-12, mar. rouge.

318. Almanach spirituel de l'an 1647, pour la ville et fauxbourgs de Paris, ou sont marquées les fêtes, confrairies, indulgences plénières, etc. *Paris*, 1647, in-12, cart.

On y joint : 1° Almanach spirituel de l'an 1666 pour Paris, par le P. Martial du Mans. *Paris*, 1666, in-8, mar. rouge, tr. dor.

2° Almanach spirituel pour 1753. *Paris*, 1753, in-12, veau.

Almanach dit des *Larrons*, parce qu'il donnait des renseignements sur les endroits où le public se réunissait.

Ces volumes sont très rares.

319. Dessein des assemblées de la bourse cléricale, establie à Sainct Nicolas du Chardonnet pour l'instruction des ecclésiastiques destinés au service des églises paroissiales. *Paris, J. Dincourt*, 1657, in-12, cart.

320. HISTOIRE DES PERSÉCUTIONS ET MARTYRS DE L'ÉGLISE DE PARIS, depuis l'an 1557 jusques au temps du roy Charles

neufviesme (par Antoine de la Roche de Chandieu). *Lyon,*
1563, pet. in-8, demi-rel. mar. rouge.

Histoire des persécutions dirigées contre les protestants de la ville de Paris.
Extrêmement rare.

3. — *Eglises de Paris.*

a. — GÉNÉRALITÉS. — NOTRE-DAME. — SAINTE-CHAPELLE.

321. Eglises de Paris. Plans, façades, détails intérieurs, autels,
confessionnaux, chaires à prècher, etc. 95 estampes, *en
feuilles.*

Collection très intéressante.

Parmi les pièces rares, citons : la rosace et le portail de Notre-Dame, l'autel
de l'Ordre de la Mercy aux Mathurins, l'Autel-tombeau de St-Vincent-de-Paul,
la procession de la châsse de Ste-Geneviève en 1652, la procession de la châsse
de St-Germain en 1652, etc.

322. Monuments funéraires de diverses églises de Paris, suite
de 6 planches gravées par Albert Flamen. (*Paris, Van
Merlen excudit, vers* 1650.) Pet. in-4, cart.

Tombeaux de Guill. de Sève, conseiller d'Etat, à Saint-Sulpice ; de J.-A.
de Thou et de ses deux femmes, à Saint-André-des-Arcs ; de Guill. Douglas,
comte d'Anguse, à l'abbaye Saint-Germain ; de Guill. de Montleon, cons.
d'Etat, aux Feuillans; de Lambert, maître des comptes, aux Incurables, etc.
Très rare.

323. DESCRIPTION HISTORIQUE ET CHRONOLOGIQUE DE L'ÉGLISE
MÉTROPOLITAINE DE PARIS, contenant l'histoire des évèques
et archevèques de Paris, celle du chapitre et des grands
hommes qui en sont sortis, ou qui ont contribué à la construction et à l'embellissement de ce Temple auguste (par
Charpentier). Ouvrage enrichi d'un grand nombre de
planches. *A Paris, chez P. de Lormel,* 1767, in-fol., pl., veau.

Tome premier d'un ouvrage des plus importants, malheureusement resté
inachevé et dont on ne connaît plus que quelques rares exemplaires.

Ce premier tome forme un volume de 1 f. pour le titre, xxii pp., 54 pp. et
494 pp; il est orné d'un certain nombre de planches, dont une nomenclature
que nous croyons inexacte a été donnée par M. l'abbé Dufour dans sa *Biblio-
graphie de Paris.*

Voici le détail des planches que renferme cet exemplaire qui provient de la bibliothèque de M. Gilbert :

1. Plan de l'église N.-D. de Paris. — 2. Façade du portail de Nostre-Dame. — 3. Bourdon de N.-Dame (planche ajoutée). — 4. Vue du dedans de l'église Notre-Dame, par *Aveline* (pl. ajoutée). — 6. Tombe des viscères de Louis XIII et Louis XIV. — 7. Tombe de Isabelle de Hainault. — 8. Tombe de Philippe, fils de Louis-le-Gros. — 9. Tombe de P. de Nemours. — 10. Tombe de Gautier de Château-Thierry. — 11. Crosse d'Etienne Tempier. — 12. Tombe de Hugues de Besançon. — 13. 14. 15. Tombe, épitaphe et crosse de Denis du Moulin. — 16. Tombe de G. Chartier. — 17. Tombe de L. de Beaumont. — 18. Tombe de G. Gobaille. — 19. Tombe de Jean Simon. — 20. Tombe du cœur d'Etienne de Poncher. — 21. Tombe de G. Viole. — 22. Tombe de P. de Marca. — 23. Tombe de F. de Harlay. — 24. Tombe de Fr. Hallé. — 25. Tombe de J. Robertet. — 26. Tombe de Ant. le Cirier. — 27. Tombe de J. Tudert. — 28. Tombe de Jean Spifame. — 29. 30. Tombe et épitaphe de Etienne de Montdidier. — 31. Tombe de P. Mercier. — 32. Tombe de Jean Deslandes. — 33. Tombe de P. Cardonnel. — 34. Tombe de Tiboust. — 35. Tombe de J. Ahuffard. — 36. Tombe de Etienne Yver. — 37. Tombe de J. de Longueil. — 38. Epitaphe de J. de Montigny. — 39. Tombe de Macé Debrée. — 40. Tombe de Hugues Pasté. — 41. Tombe de J. Luillier. — 42. Epitaphe de Jean Deslandes. — 43. Tombe de P. de Château Pers. — 44. Tombe de S. Michel. — 45. Tombe de M. Le Lieur. — 46. Tombe de N. et Q. Tuellevent. — 47. Tombe de J. Basin. — 48. Tombe de J. de Louviers. — 49. Tombe de G. Gentil. — 50. Tombe de A. Verjus. — 51. Tombe de M. Amy. — 52. Tombe de Luc Frobert. — 53. Tombe de J. B. Chastellain. — 54. Tombe de G. Huppelande. — 55. Tombe de A. de Vertamon. — 56. Tombe des viscères de Louis XIII (tirage moderne.) — 57. Epitaphe du Mal de Guébriant (tirage moderne). — 58. Inscriptions par C. Moreau (tirage moderne). — 59. 60. Chapelle et tombeau des Gondy (pl. ajoutées).

Les pl. 19 et 27 à 53 ne paraissent pas avoir été faites pour le premier volume et devaient probablement être utilisées dans les suivants.

Les estampes sont, pour la plupart, dessinées par *Boucher de Villiers* et gravées par *Cl. Roy*, les inscriptions par *Denis*.

On a ajouté à l'exemplaire deux dessins originaux représentant la statue de Philippe-le-Bel et celle d'Antoine des Essarts. Ces dessins n'ont pas été gravés.

On a ajouté en tête de l'exemplaire le portrait de Mgr. de Vintimille, archevêque de Paris.

324. RECUEIL DES PLANCHES DES PIERRES TOMBALES de Notre-Dame, destinées à orner la Description historique de Notre-Dame, par Charpentier, 1767, in-fol., demi-rel.

Recueil de 48 planches de tombes et épitaphes tirées de l'ouvrage qui précède. Trois pièces sont en double, dont 2 en tirage moderne, et on a ajouté une vue du tombeau du Maréchal de Retz. Ensemble 52 planches.

Deux ou trois collections de ces estampes sont seulement citées.

De la bibliothèque de l'abbé BOSSUET.

325. Description historique des Curiosités de l'Eglise de Paris, contenant le détail de l'édifice, tant intérieur qu'extérieur, le trésor, les chapelles, les tombeaux, etc., par C. P. G. (l'abbé de Montjoye), ornée de figures. *Paris, C. P. Gueffier,*

1763, in-12, mar. rouge, dos orné, fil., tabis, tr. dor. (*Rel. anc.*)

Exemplaire aux armes du comte d'ARTOIS.

326. Description historique de la Basilique métropolitaine de Paris, ornée de gravures, par A. P. M. Gilbert. *Paris, Adr. Le Clère*, 1821, in-8, fig., cart., *non rogné*.

327. EPITAPHIER de l'église Notre-Dame de Paris. *S. l. n. d.*, in-fol., demi-rel.

Précieux manuscrit autographe de 25 pages, datant de la fin du XVIᵉ siècle ou du commencement du XVIIᵉ. On y trouve le texte de 85 épitaphes des chanoines inhumés dans l'église Notre-Dame, avec leurs blasons en couleurs. (21 blasons sont restés en blanc.)

328. Notre-Dame de Paris. 4 vol. in-4 et in-8.

Mémoire sur les Bas-reliefs qui décorent les dehors des murs et la partie extérieure du chœur de l'église de Notre-Dame à Paris, par M. le président Fauris de St-Vincent. *Paris*, 1815, in-8, fig., demi-rel. — Explication de quelques Bas-reliefs de la cathédrale de Paris, par M. Duchalais. Ms. in-8, veau. — Observations sur des Monuments d'antiquitez trouvez dans l'église cathédrale de Paris, par Moreau de Mautour. *Paris*, 1711, in-4, pl., *broché* (incomplet des 2 derniers ff.) — Description de la Basilique par Gilbert. *Paris*, 1821, in-8, fig., veau.

329. Voyages faits à Munster en Westphalie et autres lieux voisins, en 1646 et 1647, par M. Joly, chanoine de Paris, avec quelques lettres de M. Ogier, prestre et predicateur. *Paris, Clousier*, 1670, in-12, veau.

Cl. Joly fit ce voyage à la suite du duc et de la duchesse de Longueville qui se rendaient au Congrès de Munster.

Le volume est recherché à cause d'une curieuse dissertation sur la statue équestre de Philippe-le-Bel qui se voyait autrefois dans l'église Notre-Dame.

330. DE DEDICATIONE ECCLESIE PARISIENSIS. (In fine :) *De dedicatione ecclesie et precipue Parisiensis questio nova feliciter explicit. Advisata seu excogitata atque ordinata Sacra arte multiplicari in regia schola francie vulgo Navarre parisii pro communi utilitate. Multiplicata vero per Guidonem Mercatorem apud amenissimam domū vulgatam du champ Gaillard de possessione dicte schole. Anno m cccc iiii xx xvi* [1496] *mense amenissimo Mayo.* In-8 goth. de 8 ff., mar. brun jans., tr. dor.

Ce volume, de la plus grande rareté, est de JEAN LE MUNERAT qui se nomme ainsi au début de cette pièce : *Reverendo iñ xp̄o patri domino Joanni divnai*

miseratione parisiensi episcopo suus Joannes le Munerat Quodam Scholasticus
socius...

L'évêque Jean dont il s'agit ici est Jean V, Simon de Champigny, qui tint le siège de 1494 à 1502. Dans la lettre R ornée par laquelle débute le traité de Jean le Munerat on trouve les armes de Jean de Champigny, qui portait d'azur à la fasce cousue de gueules, accompagnée en chef de deux glands d'or et en pointe d'une coquille d'argent.

Ce volume de J. le Munerat a été assez inexactement cité par la plupart des bibliographes parisiens. Exemplaire grand de marges et très bien conservé.

331. Ordre des Cérémonies qui doivent être observées pour la bénédiction de la grosse Cloche de l'Eglise de Paris. *Paris,* 1682, in-8, vélin, plats fleurdelisés, tr. dor. *(Rel. anc.)*

La bénédiction du bourdon eut lieu le 29 avril 1682 ; le roi et la reine en furent les parrain et marraine.

332. Description du catafalque exécuté à Paris dans l'église Notre-Dame à l'occasion du service pour tres-haute princesse Marie-Amélie de Saxe, reine d'Espagne et des Indes, sur les dessins du sieur Mic. Aug. Slodtz. *Paris, Ballard,* 1761, in-4, cart. en papier.

Ce programme est conservé dans son cartonnage aux armes royales.

---

333. Histoire de la Ste-Chapelle royale du palais, enrichie de planches, par M. Sauveur-Jérôme Morand, présentée à l'assemblée nationale le 1er juillet 1790. *Paris, Clousier,* 1790, in-4, pl., mar. rouge, dos orné, dent., tabis, tr. dor. *(Bozérian.)*

Figures de *Ransonnette*. Très bel exemplaire.

334. Recueil des planches de l'Histoire de la Sainte Chapelle Royale du Palais, par S. J. Morand. *Paris,* 1790, in-4, veau.

Ce recueil comprend le titre de l'ouvrage, le discours de Morand à l'Assemblée Nationale en lui présentant son ouvrage, le prospectus du livre, les 19 planches de *Ransonnette*, le dessin original de l'étui de la vraie croix, le plan original du dépôt des Archives, et 2 estampes représentant le portail de l'église et la grande châsse.

335. Traicté de l'antiquité, veneration et privileges de la Saincte Chappelle, du palais royal de Paris, par M. Seb. R(ouillard). *A Paris, chez Thomas de la Ruelle,* 1606, in-12, vélin.

Ce traité fut écrit pour servir de Mémoires à Jacques Guillemin, chanoine de la Ste-Chapelle et de l'église de Chartres, contre les Doyen, Chanoines et Chapitre de la Ste-Chapelle. Rare.

336. Inventaire et description (et estimation) des reliques, vases sacrés, argenterie, pierreries et autres pierres précieuses faisant partie de la Sainte Chapelle roialle du Palais à Paris, renfermés dans trois armoires étant dans le lieu appellé le Revestiaire de la dite Sainte Chapelle, fait par nous... les 4.6.7 et 9 avril 1740. Manuscrit in-fol. de 12 ff.

Original de cet inventaire qui comprend 68 numéros, dont le 1er est la Croix d'argent renfermant la relique de la vraye croix ; le 2e, le chef de saint Louis, etc.

b. — ÉGLISES DIVERSES (par ordre alphabétique).

337. Saint-Benoît. Chronologie historique de Messieurs les Curés de Saint-Benoît. Depuis 1181 jusqu'en 1752, avec quelques anecdotes sur plusieurs Personnes de considération enterrées dans Saint-Benoît et sur différens articles qui concernent la Paroisse (par Jean Bruté, curé de Saint-Benoît). *Paris, Guill. Desprez*, 1752, in-12, 8 portr., veau.

Ce rare volume est important pour l'histoire des imprimeurs célèbres demeurant dans le quartier Saint-Benoît ; on y trouve la biographie des *Lenoir, Chaudière, Badius, Vascosan, Morel, Harsy, Gering, Kerver, Chevillier*, etc., et aussi quelques renseignements sur les graveurs *Lenfant, Randon, Hortemels, Poilly, Edelinck, Audran, Cars, Scotin, Tardieu*, etc.

338. Saint-Eustache. Eglise Saint Eustache à Paris, mesurée, dessinée, gravée et publiée par Victor Calliat, architecte, avec un essai historique sur l'église et la paroisse Saint-Eustache, par le Roux de Lincy. *Paris*, 1850, in-fol., 11 pl., demi-rel. dos et coins de chagrin brun, tête dor., *non rogné*.

339. Saint-Eustache. 4 vol. et pièce manuscrite.

Second advertissement et notable conseil à la France, touchant ses présentes extrêmes miseres et calamitez, et la crainte de plus grandes avec changement de religion, mal extrême et très pernicieux, par R. Benoist. *Paris*, 1589, pet. in-8, cart. — Moyen nécessaire et certain pour oster le différend et la discorde de la Religion et avoir un repos heureux et asseuré, exempt de toutes embuches, tromperies et trahisons, traduit du latin de R. Benoist. *Paris*, 1590, pet. in-8, cart.— Advertissement en forme d'espitre consolatoire et exhortatoire, envoyée à l'église et paroisse de St-Eustache à Paris, par R. Benoist, leur pasteur curé justement et raisonnablement absent d'icelle pour quelque temps. *Tours*, 1593, pet. in-8 de 16 pp., mar. rouge, fil à froid, tr. dor. (*Duru.*) (Cette plaquette fort curieuse parut pour la première fois à Angers en la même année. On sait que René Benoist, le célèbre confesseur de Henri IV, était Angevin.) — Pièce autographe signée de R. Benoît, datée du 8 août 1607 ; reçu de 300 livres pour son état de prédicateur. — Le Pape des Halles, René Benoist, évêque nommé de Troyes, confesseur de Henri IV, curé de St-Eustache (1521-1608), par Denais. *Paris*, 1872, in-8, *broché*.

340. Sainte-Geneviève. La Reconstruction de l'église de Ste Geneviève. Ode au Roi (par Bernard, chanoine régulier de Ste-Geneviève). *Paris*, *Chaubert et Hérissant*, 1755, in-4, mar. rouge, dos orné, fil., tr. dor. (*Rel. anc.*)

Bel exemplaire aux armes du DAUPHIN, fils de Louis XV.

341. Recueil de mémoires et projets relatifs à l'Eglise Ste-Geneviève (le Panthéon français). 1756-1829. En un vol. in-4, demi-rel.

Ce recueil formé par l'architecte Vaudoyer, se compose de 35 mémoires et projets, imprimés et manuscrits, de Patte, Q. de Quincy, Rondelet, Du Mont, De Wailly, Viel, Peyre, Vaudoyer, etc., sur l'église de Ste-Geneviève et surtout sur la construction du dôme et des modifications à apporter au projet de Soufflot, changements indispensables pour assurer la solidité de l'édifice.

Nombreuses planches explicatives.

342. Sainte-Geneviève. 7 pièces en un vol. in-4, pl., demi-rel.

Rapport sur l'édifice dit de Sainte-Geneviève, par M. Quatremère-Quincy, 1791. — Mémoire historique sur le dôme du Panthéon français, par J. Rondelet. 1797. — Restauration des piliers du dôme du Panthéon français, par Vaudoyer, 1798. — On a ajouté : Catafalque érigé dans l'église de Paris pour Louis XV, 1774, etc.

343. Sainte-Geneviève. 14 vol. et brochures.

Q. de Quincy. Rapport sur l'édifice dit de Ste-Geneviève, 1791, in-4. — Notice sur Ste-Geneviève par Rondelet, 1852. — Basilicæ S. Genovefæ decora emblematibus illustrata. *Parisiis*, 1661. — Vies de Ste Geneviève par Le Juge, 1631, Charpentier, 1697, etc. — Tableaux présentés à l'église Ste-Geneviève, etc.

344. La Vie ma dame saincte Geneviefve. — *Cy finist la vie madame saincte Geneviefve et les miracles qu'elle faisoit. S. l. n. d. (Paris*, vers 1515), in-4 goth. de 6 ff., mar. bleu jans., tr. dor. (*Trautz-Bauzonnet*.)

Précieuse édition dont le titre porte la marque de *Denis Mellier* ou *Meslier*, imprimeur à *Paris*, en la rue St-Jacques.

De la bibliothèque YEMENIZ.

345. — Des. Erasmi Roterod. Carmen D. Genovefæ sacrum. D. Genovefæ vita ex martyrologiis et historiis excerpta...

Parisiis , *G. Morel* , 1566 , pet. in-8, mar. rouge, fil., tr. dor.

A la suite : *Sensuyt la vie, miracles et oraison de la vierge saincte Geneviefve.* S. l. n. d., pet. in-8 goth. de 3 ff. extraits d'un livre de piété.

346. — L'Histoire de Saincte Genevieve patronne de Paris, plus un brief recueil des choses antiques et signalées de ladite maison, ensemble l'histoyre propre et office de ladicte saincte. Par F. Pierre le Juge Parisien. *Paris, impr. de Henry Coypel*, 1586, pet. in-12, fig., mar. bleu jans., tr. dor. (*Masson-Debonnelle.*)

347. — Histoire de ce qui est arrivé au Tombeau de Sainte Genevieve depuis sa mort jusqu'à present et de toutes les processions de sa chasse, sa vie, etc. (par le P. Charpentier). *Paris, Coustelier,* 1697, in-8, front. par Duflos, mar. rouge, dos orné, fil., tr. dor. (*Rel. anc.*)

Contient à la suite les noms des porteurs de la châsse de Ste-Geneviève. Très bel exemplaire aux armes du cardinal de NOAILLES, archevêque de Paris.

348. — Règlements de la Confrérie des porteurs de la châsse de Sainte Geneviève. *S. l. n. d.* (*Paris, vers* 1593), in-4, vélin, fil., milieux peints et dorés, tr. dor. (*Rel. anc.*)

Manuscrit sur papier composé de 25 feuillets dont 5 blancs.

Les premiers feuillets sont occupés par la copie des 22 articles du règlement concernant les 40 porteurs de la châsse, 3 ff. suivants contiennent la nomenclature des descentes de la châsse depuis le 21 janvier 1534 jusqu'au 1er juin 1603, 4 ff. portent les noms et surnoms des porteurs de la châsse, tant des trépassés que de ceux en survivance, 1 f. est consacré au mémoire de ce qu'a coûté en 1245 la châsse de Ste-Geneviève.

Ce manuscrit paraît avoir été exécuté pour André Cossard l'un des porteurs de la châsse ; le volume est orné de 2 miniatures dans lesquelles ce personnage est représenté, dans l'une aux pieds de sainte Geneviève et de saint André, en costume de porteur de la châsse, dans l'autre aux pieds de la Vierge en costume de confrère du Saint-Rosaire.

La première miniature est entourée d'une bordure où figure le chiffre de André Cossard dont les armoiries sont peintes sur chacune des miniatures et dont la signature, accompagnée de la date de 1593, se lit sur le premier feuillet.

349.   — Châsse de Sainte Geneviève. 14 vol. et brochures.

Statuts et règlements de la Compagnie des porteurs de la châsse de Ste Geneviève. 1631. — Office pour la descente de la châsse, 1675. — Mandements et arrêts relatifs à la descente de la châsse de 1611, 1725, 1728, 1765, 1774, etc.

350. — Recueil de Mandements, Lettres pastorales, déclarations de Jubilés, pièces relatives à la châsse de Sainte

Geneviève, à la constitution Unigenitus, aux captifs rachetés par l'Ordre de N. D. de la Merci, etc. 1729-1759, 50 pièces imprimées et manuscrites en un vol. in-4, vélin vert.

Cérémonies à la prise de possession de M. l'Archevêque de Paris. — Des Assemblées du Clergé. — Antiquités de la châsse de Ste Geneviève, ms. — Mandements d'évêques sur la constitution Unigenitus. — Mandements pour ordonner des prières pour la conservation des fruits ; empêcher les débordements; pour l'administration de l'archevêché de Paris. — Condamnation du livre de l'Esprit. — Procession des Captifs rachetés à Alger, etc.

351. Saint-Honoré, 2 vol. in-fol. et in-4, demi-rel.

Titres de la fondation et establissement de l'église et chapitre de Saint-Honoré de Paris, 1205-1259. *Paris, s. d.* — Réflexions sur le titre de la prétendue suppression de neuf chanoines et prébendes de l'église S. Honoré. *Paris, s. d.*

352. Saint-Jacques la Boucherie. Estat des fondations faites et qui s'acquittent dans l'Eglise paroissiale S. Jacques de la Boucherie à Paris, conformément aux contrats qui en ont esté faits, et à l'ordonnance de Monseigneur l'Archeveque de Paris. (*Paris*), *impr. Ch. Chenault*, 1678, pet. in-8, front., vélin.

Les fondations faites dans l'église St-Jacques étaient très nombreuses, et on y trouve mentionnés beaucoup de personnages importants pour l'histoire de Paris. Une des plus anciennes fondations citées est celle de Nic. Flamel, du 21 novembre 1416.
Reliure originale ornée des coquilles de St-Jacques.

353. — Essai d'une histoire de la paroisse de Saint Jacques de la Boucherie, où l'on traite de l'origine de cette église, de ses antiquités, de Nicolas Flamel et Pernelle sa femme, et de plusieurs autres choses remarquables. Par M. L.** V.** (l'abbé Villain). *Paris, Prault*, 1758, in-12, pl., demi-rel.

Rare. On a relié à la suite : Chronologie historique de Messieurs les curés de Saint-Benoît, depuis 1181 jusqu'en 1752 (par Bruté). *Paris*, 1752, in-12, portr.
On y joint : Cérémonies pour la bénédiction d'une cloche de Saint-Jacques La Boucherie. *Paris*, 1780, in-12, veau.

354. Saint-Jean en Grève. Remarques historiques données à l'occasion de la Sainte Hostie Miraculeuse conservée pendant plus de 400 ans dans l'église de St-Jean en Grève à Paris, avec les pièces originales des faits avancés. Par le P. Theodoric de S. René. *Paris*, 1725, 2 vol. in-12, mar. rouge, dos orné, fil., tr. dor. (*Rel. anc.*)

Bel exemplaire de M. Gilbert dans une jolie reliure.

355. — Remarques historiques données à l'occasion de la Sainte Hostie Miraculeuse conservée dans l'église de St-Jean en Grève. Par le P. Theodoric de S. René. *Paris*, 1725, 2 tomes en un vol. in-12, mar. rouge, dos orné, fil., tr. dor. (*Rel. anc.*)

Exemplaire aux armes du nonce MASSEI.
Piqûres de vers.

356. — Le Sacrifice de la Croix, représenté en l'Eucharistie par l'hostie miraculeuse de Paris (par P. Milon). *Paris*, *P. Billaine*, 1634, pet. in-8, 7 fig. de Ragot, vélin.

Exemplaire BONNARDOT contenant le titre de l'édition de 1664 ajouté.

357. Saint-Landry. 3 vol.

Rapport sur les Antiquitez gallo-romaines découvertes dans les fouilles de S. Landry au mois de Juin 1829, par MM. Dulaure, Jorand et Gilbert. *Paris*, 1830, in-fol., pl., cart. — Testament spirituel de Messire J.-Fr. Penet, curé de St-Landry en la Cité, 1740, in-4, demi-rel. — Offices propres de l'église de Saint-Landry. *Paris*, 1745, in-12, veau.

358. La Madeleine. Projet des architectes Rondelet et Baltard présenté au Concours ouvert en 1806, pour le monument à élever à Paris sur l'emplacement de l'Eglise de la Madeleine. En un vol. pet. in-fol., cart.

Projet soumis à Napoléon Ier. — Il contient cinq grands dessins parfaitement exécutés, à la plume, au lavis et à l'aquarelle, plan, coupes et élévation du monument.

Ces dessins sont accompagnés du devis approximatif, et de l'envoi à l'empereur signé par Rondelet et Baltard.

On y joint : Lettre à un ami sur un monument public (la Madeleine), par feu M. d'Ulin, architecte. (*Paris*, 1780), in-4, pl., demi-rel.

359. Sainte-Opportune. La Vie et les miracles de Ste Opportune abbesse (écrite par S. Adelin, évêque du VIIIe siècle). Les translations de ses reliques et fondations de son église à Paris, etc. Par Me Nicolas Gosset, Prêtre, chefcier-curé de la mesme église de Ste Opportune. *Paris*, *Ant. Chrestien*, 1659, pet. in-8, portr. et fig. à la Duseuil, tr. dor. (*Rel. anc.*)

Bel exemplaire de LAMOIGNON.
On y joint le même ouvrage, édition de *Paris*, 1655, pet. in-8, veau.

360. Saint-Paul-Saint-Louis. Vues intérieures et extérieures de l'Eglise Saint-Paul-Saint-Louis, dessinées et gravées par Edme Moreau. *Paris*, 1643, in-fol., *en feuilles*.

Suite de 7 estampes représentant, sous différents aspects, l'église professe des Jésuites de la rue St-Antoine. Rare.

361. Saint-Paul-Saint-Louis, 5 vol. et brochures.

Ménorval. Les Jésuites de la rue Saint-Antoine, l'église Saint–Paul–Saint-Louis et le Lycée Charlemagne. *Paris*, 1872, in-8, plan, demi-rel. mar. rouge, dos orné, tête dor. (*Petit.*) — Notice sur la paroisse royale Saint–Paul–Saint-Louis (par Denis de Hansy). *Paris*, 1842, in-8, demi-rel. — Notice des tombeaux et autres monuments, transférés en 1783 de l'église de Sainte–Catherine-la-Couture dans celle de Saint-Louis, rue Saint-Antoine, par l'abbé Mercier de Saint-Léger, ms. pet. in-8, veau fauve. — Sermon de S. Louis, roi de France, par Paul de Gondy (Cardinal de Retz), prononcé en l'église Saint-Louis, 1648, in-4, *br*. — Arrests du Conseil d'Etat des 13 Décembre 1721 et 18 Aoust 1722, qui ordonnent que les PP. Jésuites de la maison professe de Saint-Louis jouiront, pour leurs approvisionnements, de l'exemption des droits. *Paris*, 1722, in-4, *br*.

362. Saint-Séverin. Martyrologe ou mémoire de toutes les fondations faites dans l'Eglise de S. Severin. Renouvelé et rédigé par MM. les marguilliers de ladite église. *Paris, Le Prest*, 1678, in-fol., fig., veau.

A la suite : *Mémoire de MM. les curés et marguilliers de S. Séverin depuis* 1637 *jusqu'en* 1678.
Au chiffre de la paroisse.

363. Saint-Sulpice. Remarques historiques sur l'église et la paroisse de S. Sulpice (par l'abbé Simon de Droncourt). — Calendrier spirituel et historique à l'usage de St-Sulpice, pour 1777. *Paris, Crapart*, 1773-1777, 2 vol. in-12, mar. rouge, dos orné, fil., tr. dor. (*Rel. anc.*)

On y joint : Le Bâtiment de S. Sulpice. Ode (de A. Firon). *Paris*, 1744, in-8 front. de *Boucher*, *broché*.

4. *Communautés religieuses d'hommes et de femmes.*

364. Augustins, 3 pièces pet. in-8, *brochées*.

Les Cérémonies royalles qui se doivent faire à la réception de MM. les Chevaliers de l'ordre du S. Esprit, en l'Eglise des Augustins à Paris. *Paris, Mesnier*, 1619. — Récit véritable de ce qui s'est fait et passé aux cérémonies observées à la réception des Chevaliers de l'ordre du S.-Esprit, avec l'ordre et rang que chacun a tenu. *Paris, Bourriquant*, 1620, (portrait de Louis XIII). — L'ordre et description générale de tout ce qui s'est faict et passé aux Augustins à la Cérémonie des Chevaliers (du S.-Esprit). Ensemble le nombre des Princes et Seigneurs qui ont reçu l'ordre. *Paris, Moreau*, 1620.

365. Bénédictins. Histoire de l'Abbaye royale de Saint-Germain-des-Prez contenant la vie des Abbez qui l'ont gouvernée depuis sa fondation : les hommes illustres qu'elle a donnez

à l'Eglise et à l'État : les privileges accordez par les Souverains pontifes et par les Evêques, etc. Avec la description
de l'église, des tombeaux et de tout ce quelle contient de
plus remarquable, par Dom Jacques Bouillart. *A Paris,
chez Grégoire Dupuis,* 1724, in-fol., pl., fig., veau, fil., tr.
rouge.

Bel exemplaire en GRAND PAPIER aux armes de BERNARD DE RIEUX.

366. — Monasterii regalis S. Martini de Campis Paris. Ordinis
Cluniacensis historia, libri sex partita per Domnum Martinum Marrier. *Parisiis, apud Séb. Cramoisy,* 1637, in-4,
portr. et fig., veau, tr. rouge.

Bel exemplaire aux armes et chiffre de J. Aug. de THOU et de Gasparde de
LA CHASTRE, sa femme.

367. — Martiniana id est, literæ, tituli, cartæ, privilegia et
documenta tam fundationis, dotationis et confirmationis, par
Henr. I. Philippum I. etc., quam statua reformationis
Monasterii seu prioratus conventualis S. Martini à Campis,
Parisiis, ordinis Cluniacensis. *Parisiis, apud Nicolaum du
Fossé,* 1606, in-8, front. de Léonard Gaultier, veau fauve.

Ce rare volume, complément de l'ouvrage de Marrier qui précède, renferme
le cartulaire de l'importante abbaye de St-Martin-des-Champs, cartulaire dont la
plupart des originaux sont détruits. Il est probable que Martin Marrier est un des
rédacteurs du *Martiniana,* voy. à ce sujet le *Bulletin du Bibliophile,* année
1862, p. 78, où cet exemplaire est longuement décrit et analysé.

368. Carmes. 2 brochures in-4 en un vol.

Fondation ou donation de la maison des Carmes de la place Maubert, faicte à
leur Ordre par Philippe le Bel, qui les a transferez en l'année 1309 du lieu où
sont maintenant les Celestins, dans celuy qu'ils occupent à présent dans
l'Université, etc. 1654. — Decretera Rev. Patris generalis pro magno conventu
ac collegio parisiensi, facta in visitatione solemni ad introducendam strictiorem
observantiam, 1663.

369. Célestins. Histoire du Monastère et couvent des Pères
Célestins de Paris. Contenant ses antiquités et privilèges,
ensemble les Tombeaus et epitaphes des Rois, des ducs
d'Orléans et autres illustres personnes, avec le testament de
Louis d'Orléans. Par le Père Louys Beurrier, célestin. *Paris,
Vefve P. Chevalier,* 1634, in-4, titre gravé, vélin.

Le frontispice gravé par *Van Lochom* représente Charles V et le duc
d'Orléans.
Exemplaire de BONNARDOT contenant deux estampes ajoutées. Petites piqûres
de vers.

370. — Les Tombeaux des personnes illustres, avec leurs éloges, généalogies, armes et devises par J. Le Laboureur. *Paris, Jean le Bouc,* 1642, in-fol., front. et fig., veau.

Les tombeaux des personnes illustres qui sont cités dans ce volume appartiennent en majeure partie à l'église des Célestins où se trouvaient les cœurs de Charles VI, de François Ier et de ses fils, de Henri II, de Catherine de Médicis, de Charles IX, etc., les tombeaux du connétable de Montmorency, d'Anne de Bourgogne, celui de Philippe de Chabot, par Jean Cousin.

Le volume de Le Laboureur renferme de nombreuses planches de blasons gravées par *Pierre Nolin,* de généalogies, etc.

A la suite de l'église des Célestins, on trouve la liste des tombeaux des églises de Sainte-Catherine du Val des Écoliers, de l'Ave Maria et de la Chapelle de Braque.

Bel exemplaire.

371. — Véritable idée de la gestion des biens des Célestins de Paris et de Marcoussis. *Paris,* 1790, in-4, demi-rel.

Avec une vue du château de Marcoussis.

372. Chartreux. Anagraphe de Origine Cartusiani ordinis, versibus hexametris descripta in minore claustro Cartusiæ Parisiensis. *Parisiis, apud Seb. Nivellium,* 1551, in-4 de 15 ff., mar. brun.

EDITION ORIGINALE fort rare. Au v° du titre une jolie figure sur bois avec une vue de la Chartreuse.

Cette histoire de l'ordre des Chartreux était écrite en vers latins dans le cloître de la Chartreuse parisienne, « où ils étaient journellement lus, transcrits et admirés d'un grand nombre de gentils esprits. »

Nous décrivons ci-après une traduction en vers héroïques de Fr. Jary.

Bel exemplaire.

373. — DESCRIPTION DE L'ORIGINE ET PREMIÈRE FONDATION de l'ordre sacré des Chartreux, naifvement pourtraicte au Cloistre des Chartreux de Paris. Traduite par V. P. Fr. Jary, prieur de Nostre Dame la Pree lez Troyes. *Paris, Guillaume Chaudière,* 1578, in-4 de 32 ff., veau.

Bel exemplaire de ce rare poème. On a relié à la suite la deuxième édition du poème latin dont Jary a donné la traduction : *Anagraphe de Origine Cartusiani Parisiensis versibus hexametris descripta in minore claustro Cartusiæ Parisiensis.* Parisiis, G. Chaudière, 1578, in-4 de 16 ff. dont un blanc.

374. Jésuites. Procès-verbal fait du dépôt du cœur de Louis XIV, dans l'Église de la Maison professe des Jésuites rue Saint Antoine, le 21 Mars 1730, manuscrit de 3 pp. in-fol.

Ce dépôt eut lieu en présence du duc d'Antin, du sieur de Cotte, des PP.

Supérieurs, etc. On a ajouté une lettre autographe signée de Maurepas, adressée
à M. le duc d'Antin le 19 mars 1730, dans laquelle le roi lui demande de se
trouver présent lors de ce dépôt.

375. **Bénédictines.** La France convertie. Octave en l'honneur
du B. S. Denys l'Aréopagite, premier évêque de Paris. Avec
un recueil des plus belles antiquitez de la royale abbaye de
Mont-Martre. Par R. P. Léon. *Paris, Fl. Lambert,* 1661,
in-8, vélin, semis de fleurs de lis, tr. dor. (*Rel. anc.*)

L'*Abrégé des Antiquités de l'abbaye de Montmartre* occupe les 70 premières
pages. Rare.
Une partie du titre a été très bien refaite.

376. **Bernardines.** Plans, et élévations du corps de l'eglize du
Port Royal batie au faubourg St Jacques de Paris, par
Anthoine le Paultre architecte, in-fol., *en feuilles.*

Un titre et 8 feuilles, dont 4 par *Bocquet,* sont consacrées à l'Abbaye du
Port-Royal des Champs.

377. **Capucines.** Plan de l'étage au rez de chaussée du couvent
à bâtir pour les Capucines de la rue St Honoré, gravé par
Mongeot (d'après Fr. d'Orbay). *Paris,* 1686, in-fol., *en
feuille.*

378. **Filles pénitentes.** LA REGLE CONSTITUTIONS || PROFESSIONS
ET AULTRES DOCTRINES POUR LES || FILLES PENITENTES : dictes
les filles repen || ties utiles et proufitables pour tous ceulx ||
qui les liront et considereront. || *Et qui en vouldra avoir :
on en trouvera au* || *Pellican en la grand rue Sainct Jaques
pres Sainct Yves.* (*Paris, J. de Marnef, vers* 1500), in-4
goth. de 22 ff. non chiffr., mar. rouge, fil. à froid, tr. dor.
(*Capé.*)

Sur le titre une vignette gravée sur bois représentant les filles repenties
devant la Sainte Vierge.
Cette *Règle* avait été établie vers 1360 par Jehan I de Meulan, évêque de
Paris (1352-1363). Le texte commence ainsi : « Jehan, par la permission divine
evesque de Paris, a nos bien aymées, et a Dieu données les religieuses et couvent
des filles pénitentes : dictes les repenties de Paris... tant pour vous que pour
vos successeresses... qui seront audit monastere en l'hostel qui fut appelle de
Bochaigne que le Roy nostre sire vous a donné.., statuons et ordonnons les
choses qui cy apres seront declarees. »
Parmi les conditions d'admission on remarque celle-ci : « Item que nulle ne
sera receue en vostre dit monastere sinon qu'elle eust peche actuellement du
peche de la chair. Et avant qu'elle soit receue sera par aucune de vous à ce
commises et deputées visitées... »

Cette règle des *Filles pénitentes* qu'il ne faut pas confondre avec les *Filles-Dieu*, religieuses de Fontevrault, est un des livres les plus précieux pour l'histoire des mœurs au moyen-âge ; il est également de la plus grande rareté.

Très bel exemplaire, grand de marges et bien conservé, provenant des bibliothèques de M. TAILLANDIER et de l'abbé BOSSUET.

5. — *Confréries.*

379. CONFRÉRIES RELIGIEUSES ET DES CORPS DE MÉTIERS de la Ville de Paris. Collection de 40 estampes gravées en l'honneur de ces confréries, in-fol., *en feuilles.*

Ces estampes des XVIIe et XVIIIe siècles représentent généralement les tableaux ou dessins d'autels placés dans les chapelles des confréries. Quelques pièces sont coloriées et d'autres tirées sur satin.

Collection des plus intéressantes.

380. LA DÉCLARATION DE L'ESTAT ET ORDON || NANCE de la très saincte et profitable con- || frarie du psaultier : rosier : et chappe- || let de la très glorieuse Vierge-Marie. || *Imprimé à Paris pour Jehan Petit, li-* || *braire demourant en la rue Sainct-Jacques, s. d. (vers* 1525), in-8 goth. de 12 ff. lim., 117 ff. chiffr. et 1 f. blanc, veau fauve.

Cette Confrérie fut instituée en 1479 et approuvée par le Pape Sixte IV. Le volume se termine par *un chapelet et rosier en françois et en rithme* et un autre rosier à la Vierge Marie.

Bel exemplaire, grand de marges.

De la bibliothèque de l'abbé BOSSUET.

381. LE MANUEL DE LA GRANDE PHRAIRIE des bourgeoys et bourgeoyses de Paris. (A la fin :) *Ce present manuel a este achevé de imprimer a Paris le xij iour de decembre l'an* 1534, *et se recouvre es mains de maistre Pierre du Pin prestre et a present clerc de la grāt phrairie au bourgeoys et bourgeoyses de ladicte ville,* pet. in-8 goth. de 28 ff., fig. sur bois, veau.

Ce volume rarissime est le plus ancien document imprimé, existant sur la célèbre *Confrérie Notre-Dame des prêtres et des bourgeois de la Ville de Paris,* qui remontait à la plus haute antiquité, et recevait dans son sein les personnages les plus remarquables, entre autres le roi et la reine de France.

Cette Confrérie, qui n'était composée à l'origine que de 72 membres, fut portée ensuite à 150 : 50 prêtres, 50 bourgeois et 50 bourgeoises de Paris ; son siège était dans l'église de Sainte-Marie-Madeleine dans la Cité.

Ce *Manuel* qui renferme les prières spéciales à l'usage de la Confrérie est devenu de la plus grande rareté, il est imprimé en grosses lettres de formes en rouge et noir et orné de 5 figures gravées sur bois ; la première au v° du titre est la copie d'une miniature qui orne un ms. des Statuts de la Confrérie ; on y remarque le portrait du roi François Iᵉʳ.

Exemplaire très bien conservé et grand de marges.

De la bibliothèque de l'abbé Bossuet.

382. Recherche de l'origine, antiquité, prerogative et œconomie de la grande et royale Confrerie de la Vierge, aux Prestres et Bourgeois de Paris. *Paris, P. Rocolet*, 1660, in-8 de 5 ff. et 80 pp., mar. brun, milieux, tr. dor. (*Petit.*)

L'auteur de ce volume paraît être M. de Machaut, alors doyen de la grande confrérie.

383. Receuil (*sic*) et memoire historique touchant l'origine et ancienneté de la présentation du tableau votif que les marchands orfèvres joaillers confrères de la confrérie de Sainte Anne et Saint Marcel de cette ville de Paris, présentent tous les ans le premier jour de May à la Sainte Vierge. *A Paris, chez l'auteur*, 1685, in-8, veau.

Ce volume fut recueilli sur l'ordre des marchands orfèvres-joailliers confrères, par Isaac Trouvé, marchand orfèvre à Paris.

Il est orné d'une grande figure représentant les armoiries de la corporation gravées par *Charles Clerin*, orfèvre, et de 5 figures par *Huret, Boudan, Bonnart*, etc.

Le volume renferme la liste des orfèvres porteurs de la châsse de St-Marcel ayant présenté les tableaux votifs de 1608 à 1683. Une addition manuscrite continue cette liste jusqu'en 1685.

384. L'Institution de la Confrairie de Sainte-Anne, et l'origine des tableaux votifs presentez à la Sainte Vierge le 1ᵉʳ de May de chaque année avec les noms des Orfèvres Confrères qui les ont presentez, et ceux des peintres qui les ont faits. *Paris, J.-B. Coignard*, 1699, in-12, mar. rouge, dos orné, double rangée de fil., tr. dor. (*Rel. anc.*)

Cette confrérie était instituée en l'église Notre-Dame. On trouve dans ce volume la liste des tableaux, le nom de leur peintre, depuis 1630 jusqu'en 1699. Un fragment imprimé prolonge cette énumération jusqu'en 1701. Très rare. L'exemplaire de la vente Bossuet, en demi-rel., a été vendu 100 francs et les frais.

On y joint : Description des tableaux (présentés par les confrères), à l'église de Paris. *Paris*, 1678, in-12, basane.

IV. — HISTOIRE ADMINISTRATIVE ET JUDICIAIRE.

1.— *Administration de Paris.* — *Officiers de l'hôtel de ville.*
Armée de Paris.

385. Du GRAND ET LOYAL DEVOIR, fidélité et obéissance de MM. de Paris envers le Roy et couronne de France, adressée à MM. Claude Guyot, seigneur de Charmeaux, Prevost des Marchans, Jehan Le Sueur, Pierre Prevost, Jehan Sanguin et Jean Méraut, Eschevins de la ditte Ville de Paris (par Regnier de La Planche.) *S. l.*, 1565, pet. in-8, mar. rouge, fil., tr. dor. (*Rel. anc.*)

Bel exemplaire de GUYON DE SARDIÈRE.

PREMIÈRE ÉDITION de cet important écrit, composé à l'occasion du différend qui survint en 1564 entre le cardinal de Lorraine et le Maréchal de Montmorency alors gouverneur de Paris.

Une édition publiée en 1567, porte à la suite du titre donné ci-dessus. cette addition : *Ou le livre des marchands.*

386. ORDONNANCES ROYAVLX DE LA JVRISDI- || CION DE LA PRE-VOSTE DES MARCHÃS et escheuinaige de la ville || de Paris. Constituez et ordōnez tant p̄ les feus roys que || p̄ le roy nostre sire Frācoys premier de ce nom. Et plusieurs arrestz || et ordōnances de la court de parlemēt, auec plusieurs beaulx priui- || leges donez aux bourgeois de Paris. Extraictz et corrigez sur le re- || gistres de lhostel dicelle ville. Nouuel-lement imprimé a Paris. || Cum priuilegio regis. || *On les vend au palays... en la bouticque* || *de Jaques Nyuerd. Et en la grant salle...* || *en la bouticque de Pierre le brodeur.* (Au f. cx r⁰ :) *Fin des ordonnances... acheuees de imprimer... le 20 Novembre* 1528, *par Jaques Nyuerd imprimeur.* Pet. in-fol. goth. de 4 ff. lim. et 110 ff. chiffr., fig., vélin.

Ce recueil d'*Ordonnances* est de la plus haute importance pour l'histoire de l'administration municipale et commerciale de Paris.

Le volume est orné d'une grande figure sur bois au titre, où sont naïvement représentés les échevins, le greffier, le procureur de la ville, le clerc du parloir, etc. et de 64 figures représentant les métiers de Paris et les divers officiers chargés de leur surveillance et juridiction.

387. Les Ordonnances royaulx, sur le faict et jurisdiction de la prévosté des marchands, et eschevinage de la ville de Paris. Reveues et conférées de nouveau sur les registres de l'hostel d'icelle ville. Ausquelles ont aussi été adjoustées plusieurs anciens status et ordonnances concernant le faict des péages que doivent toutes marchandises. Ensemble les privileges concédez par les Roys de France aux bourgeois de Paris. Auec le catalogue des prévosts et eschevins d'icelle ville jusques a présent. *Paris, F. Morel,* 1595. in-fol., veau, milieux de feuillages, tr. dor. (*Rel. anc.*)

Cette édition est ornée d'un portrait de Henri IV et de 5 planches par *Th. de Leu.*

388. Ordonnance de Louis XIV, donnée à Paris au mois de Mars 1669, concernant la Jurisdiction des Prévost des Marchands et échevins de la Ville de Paris. *Paris, Fred. Léonard,* 1676, in-fol., veau.

Orné d'une vignette sur le titre avec portrait de Louis XIV, d'un plan des fontaines de la ville et de 26 en-têtes et culs-de-lampe par *Chauveau,* représentant des Monuments de Paris.

389. Texte des Coutumes de la Prévosté et Vicomté de Paris, avec les sommaires des articles, distinction des anciens et nouveaux, et les rapports et conférences des uns avec les autres. Nouvelle édition. *Paris, Prault,* 1740, pet. in-12, mar. rouge, dos orné, fil., tr. dor. (*Rel. anc.*)

On a relié à la suite le *Code Marchand* et diverses *Ordonnances.*

390. Privilèges des bourgeois de Paris sous le règne de Louis XIII, 3 vol. in-12, demi-rel.

Les Privilèges donnez par le Roy aux bourgeois de Paris. *Paris,* 1615. — Le Privilège faict par le Roy aux bourgeois de Paris, pour l'exemption des Gens de Guerre à sept lieues à la ronde de Paris. *Paris,* 1619. — Remonstrance aux bourgeois de Paris sur le retardement du Roy. *Paris,* 1619.

391. GOUVERNEURS, CAPITAINES, LIEUTENANTS GÉNÉRAUX, Prévosts des Marchands, Echevins, Procureurs du Roy, Greffiers, Receveurs, Conseillers, Quartiniers de la Ville de Paris, par Chevillard. *Paris,* (*vers* 1740), in-fol., veau.

Gouverneurs, 4 ff. avec 105 blasons coloriés.
Prévosts et Échevins de 1268 à 1731, 35 ff. avec 679 blasons coloriés.
Procureurs, greffiers, receveurs, 2 ff. avec 57 blasons coloriés.
Conseillers de la ville, 22 ff. avec 402 blasons coloriés.

Quartiniers, 14 ff. avec 275 blasons coloriés.

Chacune des parties a un titre manuscrit. Table manuscrite à la fin.

Sur la garde le *Catalogue des cartes de blazon des Srs Chevillard père et fils.*

392. Gouverneurs, Lieutenants du Roy, Prévots des Marchands, echevins, procureurs, avocats du roy, greffiers, receveurs, conseillers et quartiniers de la ville de Paris. Gravées par Beaumont. *Paris*, (*vers* 1760), in-fol., pl., mar. rouge, dos orné, larges dent., tr. dor. (*Rel. anc.*)

Armoiries des gouverneurs, prévôts, échevins de Paris, gravées en taille-douce.

Le recueil a été continué après la publication du volume et les armoiries du dernier prévôt des marchands sont celles de Le Peletier, élu prévôt en 1784.

Superbe exemplaire dans une riche reliure aux armes de Le Peletier de Saint-Fargeau.

393. Catalogue des Prévosts de Paris depuis le roy Sainct Loys, jusques au roy de France et de Navarre Henry IIII. *A Paris, par Féd. Morel*, 1598, in-fol., fig., cart.

Seconde édition du Catalogue des Prévôts de Paris de le Féron, publiée par C. Morel. Le dernier prévôt cité est Jacques d'Aumont.

394. Almanach royal pour l'année 1703. *Paris, Laurent d'Houry*, 1703, in-8, vélin, fil., tr. dor. (*Rel. anc.*)

Aux armes royales.

On y joint : Almanach royal pour 1705. *Paris*, 1705, in-8, vélin, tr. dor. (*Rel. anc.*)

395. Recueil des chartes, créations et confirmations des colonels, capitaines, majors, officiers, arbalestriers, archers, etc., de la ville de Paris, par M. Hay. *Paris, G. Desprez*, 1770, in-4, mar. rouge, dos orné, dent., tr. dor. (*Rel. anc.*)

Ce volume est orné d'une suite de 43 planches coloriées de costumes militaires (n°s 1-44, sauf le n° 3 qui n'existe pas) et des portraits de Hay et de Bignon.

Bel exemplaire en grand papier aux armes d'Olivier-Clément Vieillard, échevin de la ville de Paris.

396. Controlle des Compagnies de la Garde de Paris, des Ports, des Remparts et de celle du Guet qui ont été passées en revues devant Monseigneur le duc de La Vrillière, Ministre et Secrétaire d'Etat, au mois de may 1774. *S. l. n. d.*, ms. in-8, mar. rouge, dos orné, dent., tabis, tr. dor. (*Rel. anc.*)

Très joli manuscrit sur papier, contenant les noms des hommes composant les différents corps de police de Paris en 1774.

Chaque feuillet est entouré d'encadrements dessinés à la plume. Les titres et lettres ornées sont de diverses couleurs.

Jolie reliure aux armes de LE LABOUREUR, commandant de l'état-major de la Garde de Paris.

397. Histoire de la Garde nationale. Récit complet de tous les faits qui l'ont distinguée depuis son origine jusqu'en 1848, par E. de Labédollière. *Paris*, 1848, in-12, front., demi-rel. dos et coins de mar. rouge, *non rogné.*

6 figures en couleur.

2. — *Histoire du Palais de Justice.*

398. Histoire et description pittoresque du Palais de Justice, de la Conciergerie et de la Sainte-Chapelle de Paris, par B. Sauvan et J. P. Schmit. *Paris, Engelmann*, 1825, in-fol., pl., demi-rel.

Cet ouvrage est orné d'un plan, de 17 pl. lithographiées et 2 figures dans le texte. On a ajouté à cet exemplaire 3 dessins, 14 figures diverses et 1 fac-simile.

399. Plan du rez-de-chaussée de la Conciergerie du Palais de Justice. (*Paris, vers* 1790), in-fol.

Dessin original de l'architecte *Beaumont.*

400. Arrest de la chambre de justice, rendu contre J. Fr. Gruet, huissier à cheval au Chastelet de Paris, condamné faire amende honorable, d'être mis au Pilory par trois jours de marché consécutifs, aux galères à perpétuité, etc. *Paris*, 1716, in-4, *dérelié.*

A cet arrêt est joint une curieuse estampe représentant Gruet au pilori.

A la suite : *Lettres patentes du roi qui ordonnent la démolition du bâtiment du pilori.* Paris, 1785, in-4, avec figure par *Garnerey*, représentant le pilori.

401. Ruines du Grand Châtelet. Estampe gravée au trait, in-fol.

Vue du Châtelet au moment de sa démolition en 1802. Epreuve coloriée à l'aquarelle à l'imitation d'un dessin, peut-être par *Nicole* ?

402. Recueil des Statuts, ordonnances, reiglements, antiquitez, prérogatives et préminences du royaume de la Bazoche. Ensemble plusieurs arrests pour l'établissement et conser-

vation de sa jurisdiction. *Paris, Besongne*, 1654, pet. in-8,
vélin.

403. Lettres patentes du 19 juillet 1777, qui ordonnent que les
arbres nécessaires pour le Mai et la plantation d'icelui dans
la cour du Palais à Paris, seront annuellement délivrés dans
le bois de Vincennes aux officiers de la bazoche dudit palais.
Paris, 1777, in-4, demi-rel.

3. — *Ordonnances et Édits.*

a. — Ordonnances et Édits divers.

404. Edict du roy nostre syre, par lequel est défendu à tous
Hostelliers de exiger plus grand somme de deniers qu'il est
contenu, pour journée, disnée, et souppée de leurs hostes,
passans et rapassans. Publié à Paris, le Jeudy quatriesme
jour de Nouembre, l'an mil cinq cens quarante. *Paris*, 1540,
in-4 de 4 ff., mar. vert, fil., tr. dor.

405. Ordre et police que le Roy entend estre doresnavant gardé
et observé en sa ville de Paris, pour la seureté et conservation d'icelle. *Paris, Rob. Estienne*, 1567, in-8 de 4 ff.,
mar. rouge, double rangée de fil., tr. dor.

406. Ordonnance du Roy pour le reiglement general de ses
monnoies. Publié à Paris en sa court de Parlement, le
vendredy 23 jour de May 1572. *Paris, J. Dallier*, 1572,
pet. in-8, fig., mar. rouge, double rangée de fil., tr. dor.
(*Petit.*)

Figures de monnaies gravées sur bois.

407. Ordonnance des Juges de la Police, portant défenses à
tous Tauerniers, Cabarestiers, et autres qui vendent vin à
pots ou en destail, de ne mesler cidre ny eau auec le vin :
Et à tous artisans, gents de mestier, clercs, seruiteurs,
apprentifs et laquais, de n'aller ny eux transporter ès jeux
de paumes ou escrime, ès estuues, ou logis des menestriers,

pour y jouer, boire, ne prendre aucun repas. *Paris*, *F. Morel*, 1573, pet. in-8, cart.

Cet arrêt enjoint aussi aux boulangers de ne livrer que du pain blanc bourgeois et de bonne qualité ; aux habitants des maisons du fauhourg St-Denis près St-Ladre d'enlever les *gravois, boues et immondices* qui sont au devant de leurs maisons, afin de permettre aux paveurs qui y sont actuellement occupés, de continuer les ouvrages commencés, etc.

408. Ordonnance du Roy sur le faict de la Police générale de son royaume, contenant les articles et reiglemens que sa majesté veult estre inviolablement gardez, suyvis et observez, tant en la ville de Paris qu'en toutes les autres de sondict royaume. *Paris*, *Federic Morel*, 1578, pet. in-8, mar. rouge, double rangée de fil., tr. dor.

Ces ordonnances concernent les divers objets consommés à Paris, les grains, le vin, le bois, le foin, la grosse chair, le fer, le cuir, les draps de soie, etc. On y trouve aussi des ordonnances de voirie.

409. Réglement fait par le prévôt de Paris, pour les gaiges, journées et payement des Gens des Champs qui travaillent en icelle. *Paris*, *J. Mettayer*, 1602, pet. in-8, demi-rel.

410. Edits et declarations de 1637, 1644, 1646, concernant creation de jurez moulleurs, compteurs, cordeurs et visiteurs des bois amenés à Paris. *Paris*, 1637-1673, 2 vol. in-4, cart.

On a relié avec : Statuts des aides aux Commissaires contrôleurs de bois, 1699. — Statuts, règlements de la communauté des maîtres jardiniers, 1697. — Arrêt pour le règlement de la communauté des plombiers, 1727, etc
On y joint : Edit du Roy portant érection de 49 offices de commissaires-contrôleurs-mesureurs de bois. *Paris*, 1644, in-8, vélin.

411. Arrest de la Cour de Parlement, pour la diminution des loyers des maisons dans la ville et fauxbourgs de Paris, du 10 avril 1649. *Paris*, 1649, in-4, cart.

Deux éditions différentes.

b. — ORDONNANCES ET ÉDITS SUR LA VOIRIE ET LES CONSTRUCTIONS.

412. Ordonnances faictes par le Roy nostre sire sur la police de la Ville de Paris et pour icelle tenir nette et esviter les inconveniens de maladie. Utille et necessaire de scavoir a

tous afluans, manans et habitans en icelle ville. Pour soy scavoir regir et gouverner et garder de tumber en perte et dommaige. Publiées à Paris le xv jour de novembre dernier passé. *On les vend a Paris en la rue de la Juifrye, par J. Nyverd, s. d.* (1539), in-4 goth. de 8 ff., le dernier blanc, mar. rouge jans., tr. dor. (*Cuzin.*)

Volume très rare. L'avant-dernier f. contient : *L'estalon et forme du tumbereau selon l'ordonnance.*

413. Ordonnance du Roy, sur le faict de la police, tant pour les saillies des maisons, que pour le nettoyement des rues de la ville et fauxbourgs de Paris. *Paris, Jean Dallier*, 1563, in-8 de 8 ff., mar. rouge, double rangée de fil., tr. dor.

On y joint le : Règlement concernant l'ordre qui doit être observé pour le nettoyement des boues. *Paris*, 1608, pet. in-8, mar. rouge, tr. dor.

414. Ordonnances et déclarations relatives au nettoiement des rues de Paris. 10 vol. et brochures.

Ordonnances de 1563, 1600, 1637, 1743, 1778, 1780, 1781, etc.

415. Reçu de 4 livres 18 sous pour l'enlèvement des boues et la dépense des chandelles devant une maison du Louvre, 1690, in-4 obl., demi-rel.

Ce reçu porte imprimées les prescriptions relatives au balayage et à la propreté des rues.

416. Voirie, Salubrité, Egouts. 9 vol.

Rapports du Conseil de salubrité de Paris. Années 1825, 1826, 1827 et 1829, 4 vol. in-4, demi-rel. — Détails sur quelques établissements de Paris, par Lenoir, 1780, in-8, veau. — Rapport sur le curage des Egouts, in-8, pl., *broché.* — Essai sur les Cloaques ou Egouts, par Parent-Duchâtelet, 1824, in-8, *broché.* — Vues sur la propreté des Rues de Paris (par Ronesse), 1782, in-8, *broché.* — Des Voies publiques, par Gourlier, 1853, in-8, *broché.*

417. Voirie de Paris. 5 vol. et brochures.

De l'administration de la grande Voirie jusqu'en 1790, par Peigue, 1857, in-8, *broché.* — Arrest du 25 janvier 1661 qui confirme les trésoriers dans la jouissance de la grande Voirie du faub. St-Germain et l'abbé en jouissance de la petite, brochure in-4. — Lettres du 11 may 1735 confirmatives des droits de voirie, brochure in-4. — Lettres du 31 décembre 1781 ordonnant l'exécution de différens règlemens de la voirie de Paris, in-4, demi-rel. — Du déplacement de la voirie de Montfaucon, par Girard, in-8, demi-rel.

418. Les Loix des Bâtimens, suivant la coutume de Paris, traitant de ce qui concerne les servitudes réelles, les rapports

des jurés-experts, les réparations locatives, etc. Enseignées par M. Desgodets, architecte. *S. l.*, 1748, in-8, mar. rouge, dos orné, fil., tr. dor. (*Rel. anc.*)

Exemplaire aux armes de la marquise de POMPADOUR.

419. Législation des constructions dans Paris. 18 pièces in-4 et in-8, manuscrites et imprimées.

Deffenses à tous maîtres massons, charpentiers et autres, de poser aucuns Atres ou Foyers sur poutre ou solives. *Paris*, 1672, in-4. — Suppression des Inspecteurs des matériaux servans aux bastimens. 1709, in-4. — Règlement concernant la police des bastiments, 1712. in-4. — Ordonnance concernant les corniches à la face des maisons, 1776, in-4. — Ordonnance qui a condamné le propriétaire d'une maison à réduire le bâtiment de sa maison, 1782, in-4. — Suppression des saillies et avances en charpente et maçonnerie, 1783, in-4. — Suppression des saillies des maisons rue de Tournon, 1783. — Suppression de l'office de maître des bâtiments et maître des œuvres de charpenterie, 1783. — Lettres concernant la hauteur des maisons, 1784. — Recensement des constructions nouvelles faites à Paris, 1788, etc., etc.

4. — *Institutions charitables.* — *Hospices.*

420. Les Archives hospitalières de Paris, par Henri Bordier et Léon Brièle. *Paris, Champion*, 1877, in-8, *broché.*

421. Edict du Roy (du 25 juillet 1560) sur le reiglement des maisons Dieu, Hospitaux, Maladreries, Aumosneries, Leproseries et autres lieux pitoyables. *Paris, Jean Dallier*, 1560, pet. in-8, demi-rel. veau.

422. Mémoires sur les Hôpitaux de Paris, par H. Tenon. Avec figures en taille-douce. *Paris, Ph. D. Pierres*, 1788, in-4, nombreuses pl., mar. vert, dos orné, fil., tr. dor. (*Rel. anc.*)

Exemplaire aux armes du comte LOMÉNIE DE BRIENNE.

423. Mémoire sur les Hopitaux civils de Paris, dans lequel on traite de la situation de chacun d'eux, comparé avec les anciens, par Clavareau. *Paris, Prault*, 1805, in-8, pl., veau vert, dos orné, dent., tr. dor.

PAPIER VÉLIN.

424. Plans des Hôpitaux et hospices civils de la ville de Paris, levés par ordre du Conseil général d'administration de ces

établissemens. *Paris*, 1820, pet. in-fol., veau marbré, dos orné, dent., tr. dor. (*Rel. anc.*)

Exemplaire en GRAND PAPIER avec les plans lavés à l'aquarelle.

425. Hospices de la Ville de Paris. (*Paris, vers* 1820), in-fol., cart.

Vingt-neuf plans et vues des différents hospices gravés par *Thierry* d'après les dessins de *Bessat* et *P. Gallimard*.
A la suite : *Hospice St-Michel, par H. Destailleur*, 1825, 2 pl.

426. Ordonnance de la court de Parlement par laquelle est ordonné que les povres qui sont malades de ulceres seront envoyez à l'hostel dieu de Paris. Et que les prevost des marchands et eschevins employeront les mandians valides es œuvres publicques de ladicte ville. Faict en parlement de 19ᵉ jour de janvier, l'an 1542. *S. l. n. d.*, pet. in-8 goth. de 8 ff., mar. rouge, double rangée de fil., tr. dor.

427. ESTAT AU VRAY DU BIEN ET REVENU de l'Hostel-Dieu de Paris, et de sa Dépense journalière, pour faire connoistre au public les vrayes nécessitez des pauvres malades qu'on est obligé d'y recevoir de toutes parts sans refus. Et encores és Hospitaux de Saint Louis et de Saint Marcel qui en dépendent. *A Paris*, 1651, pet. in-fol., vélin.

Très rare. Ce Mémoire avait pour but d'exciter la générosité des personnes charitables. La dépense s'élevait à cette époque à 325.624 livres et la recette à 258.313 livres seulement.
Bel exemplaire avec une figure collée sur la garde.

428. Récit véritable de tout ce qui s'est fait et passé dans l'Hospital de la Charité, depuis la mort du R. Père Bernard jusques à présent. *A Paris, Beauplet*, 1641, 2 part. en un vol. pet. in-8, mar. rouge, tr. dor. (*Chambolle-Duru.*)

Au vᵒ du titre la liste des personnes incurables guéries par l'intercession du P. Bernard.

429. Hôpital de Saint-Jacques du Haut-Pas. 1 pièce in-4 obl.

Avis de l'évêque de Langres, recommandant aux pèlerins « l'hôpital Saint-Jacques du hault pas pres Paris ou ils sont logés et bénignement soubtenuz » et aussi aux personnes charitables d'y faire des dons, l'hospice n'ayant rentes ni revenus suffisants. *S. d. (vers* 1500), placard pet. in-4 goth. oblong.
Très-curieuse pièce se rapportant à l'ancien hôpital du Haut-pas, fondé vers le milieu du XIIIᵉ siècle et qui disparut au milieu du XVIᵉ. La conservation de cette pièce est parfaite.

430. L'Hospital général charitable. *Paris*, 1657, in-4, demi-rel.

> L'Hôpital général comprenait les maisons de Bicêtre, de la Salpêtrière et de la Pitié. Il devait recevoir les mendiants de Paris.
>
> On y joint le même ouvrage. *Paris*, 1676, in-4, veau. Aux armes du duc de NOAILLES.

431. Tableau de la gloire au dessus de l'autel de la Chapelle des Enfans trouvés de Paris, peint par Charles Natoire, gravé par Etienne Fessard. *A Paris, chez l'auteur*, 1754, in-fol., cart.

> Quinze planches doubles, gravées en taille-douce.

432. Les Etablisssements généraux de Bienfaisance placés sous le patronage de l'Impératrice. Monographies présentées par le marquis de la Valette, ministre de l'intérieur. *Paris, impr. impériale*, 1866, in-fol., pl., demi-rel. dos et coins de mar. rouge, tête dor. éb. (*Petit*).

> Maison des Quinze-Vingts. — Maison de Charenton. — Institutions des sourds-muets, des jeunes aveugles. — Asiles de Vincennes, du Vésinet, etc.

5. *Cimetières.*

433. Les Mausolées français. Recueil des tombeaux les plus remarquables par leur structure, leurs épitaphes, ou les cendres qu'ils renferment, érigés dans les nouveaux cimetières de Paris ; dessinés d'après nature, lithographiés et décrits par F. G. T. de Jolimont. *Paris, impr. de Firmin Didot*, 1821 in-4, pl., demi-rel.

> On y joint : Principaux monuments des cimetières de Paris, par Durau. *Paris*, 1830, in-8, *broché.*

434. Vues générales et vues des édifices particuliers du cimetière des Innocents. *S. l. n. d.*, in-fol., *en feuilles.*

> 16 dessins au crayon noir et à l'aquarelle, par *Lenoir* (?), reproduisant les monuments, les croix, chapelles, tours, etc., qui existaient dans le cimetière avant sa démolition.

435. Trois traitez de la Philosophie naturelle non encore imprimez ; scavoir le secret livre du tres ancien philosophe Artephius, traitant de l'art occulte et transmutation métallique plus les figures hierogliphiques de Nicolas Flamel.

Ensemble le vray livre du docte Synesius sur le mesme subject, le tout traduit par P. Arnauld, sieur de la Cheval-lerie, Poitevin. *Paris, G. Marette*, 1612, in-4, fig., mar. vert. (*Rel. anc.*)

Une des parties les plus intéressantes de ce livre est la seconde qui traite des *Figures hieroglifiques de Nicolas Flamel, escrivain ainsi qu'elles sont en la quatrième arche du cymetierre des Innocens à Paris, avec l'explication par Flamel.* Elle est accompagnée d'une grande planche sur bois représentant la pierre du cimetière avec les portraits de Nicolas Flamel et de Pernelle sa femme, pierre aujourd'hui conservée au musée de Cluny.

On a ajouté une figure représentant la maison de Nic. Flamel.

On joint à ce volume : *Histoire critique de Nic. Flamel et de Pernelle sa femme, par M. L. V. (l'abbé Villain).* Paris, 1761, in-12, veau.

436. Fondation de la chapelle funéraire de Picpus ; liste des victimes immolées à la barrière du trône et inhumées au cimetière de Picpus (en 1794). *S. l. (Paris)*, 1814, in-8, mar. noir, milieux, tête dor., éb. (*Petit.*)

La liste des victimes de la Révolution est très importante. Rare.

V. — HISTOIRE COMMERCIALE ET INDUSTRIELLE.

1. — *Généralités.*

437. LES ADRESSES DE LA VILLE DE PARIS avec le trésor des almanachs. Livre commode en tous lieux, en tous temps et en toutes conditions, par Abraham du Pradel. *A Paris, chez la Veuve de Denis Nion*, 1691, pet. in-8, vélin.

Première édition de cet annuaire rédigé par le pharmacien Blégny, sous le pseudonyme de Du Pradel.

L'auteur ne manque pas de donner, pp. 15-18, l'énumération de tous les produits qui se trouvaient chez le sieur Blégny, ainsi que la liste de remèdes pour toutes les maladies. Il est même permis de supposer, que la publication de cet almanach n'a eu d'autre but que d'attirer l'attention du public sur les produits du fameux apothicaire.

Cet annuaire vit encore le jour l'année suivante, mais la publication n'en fut pas continuée.

Extrêmement rare.

438. LE LIVRE COMMODE contenant les adresses de la ville de Paris, et le trésor des Almanachs pour l'année bissextile 1692. Avec les séances et les vacations des tribunaux, l'ordre

et la discipline des exercices publics, le prix des Matériaux et des Ouvrages d'Architecture, etc., par Abraham Du Pradel. *A Paris, chez la Veuve de Denis Nion,* 1692, pet. in-8, veau.

Cette nouvelle édition de l'Annuaire de Blégny est beaucoup plus complète que la précédente.

On y trouve à côté des adresses de tous les commerçants, médecins, architectes, orfèvres, la liste des bibliothèques publiques et particulières, celle des *Fameux curieux des Ouvrages magnifiques,* ainsi que celle des *Dames curieuses,* les noms et adresses des marchands de curiosités, de bijouterie, etc.

Blégny a eu soin de conserver, (pp. 50-51), la longue nomenclature de ses produits.

439. Almanach de Paris, ou calendrier historique pour l'année 1732, contenant tout ce qui se passe de curieux à Paris et à la Cour à certains jours de l'année; avec des observations intéressantes sur chaque jour et le prix des marchandises tariffées. *Paris, Chardon, s. d.,* in-8, veau.

440. Almanachs divers parisiens. *Paris,* 1760-1798, 12 vol. in-12, veau et *brochés.*

Almanachs des marchands, de la librairie, des tribunaux, des spectacles, de la garde nationale, des prisons, etc.

441. Almanach de la petite poste de Paris, réunie à la grande poste le premier juillet 1781, pour les années 1786-1788. *Paris,* 1786-1788, 2 vol. in-16, fig., mar. rouge, fil., tr. dor. (*Rel. anc.*)

Aux armes du duc de PENTHIÈVRE.

442. Lettres-patentes du Roi portant fixation du nombre et de la qualité des marchands et Artisans privilégiés de la Cour, maison et suite de sa Majesté. *Paris, impr. Pierres,* 1776, in-4, cart., *non rogné.*

443. Livre-Journal de Lazare Duvaux, marchand bijoutier ordinaire du Roy 1748-1758, précédé d'une étude sur le goût et sur le commerce des objets d'art, au milieu du XVIIIe siècle (publiée par L. Courajod). *Paris,* 1873, 2 vol. in-8, fig., cart., *non rognés.*

Le premier volume qui comprend l'introduction, forme un ouvrage des plus intéressants, rempli de curieux détails sur les amateurs et le commerce de la curiosité sous le règne de Louis XV.

Le tome second consacré à la réimpression du livre de comptes de Lazare Duvaux, est des plus importants pour les noms des amateurs et le prix courant des objets d'art.

444. Journal du citoyen. *La Haye*, 1754, in-8, veau.

Contient de nombreux détails sur la distribution de Paris, son administration, le Commerce, les Manufactures d'Arts et Métiers, etc.
Le volume se termine par le règlement de l'*École des Arts* établie par Blondel.

445. Petit dictionnaire critique et anecdotique des Enseignes de Paris, par un batteur de pavé (H. de Balzac). *Paris, imprimerie de Balzac*, 1826, in-24, cart., *non rogné*.

Curieux et rare.

446. Nouveau Tarif du prix des Glaces 1758. *Paris, Prault*, (1758), in-12, mar. rouge, dos orné, dent., tr. dor. (*Rel. anc.*)

Publié par la Manufacture royale des Glaces.

2. — *Corporations d'arts et métiers.*

447. Guide des Corps des Marchands et des communautés des Arts et Métiers, tant de la ville et fauxbourgs de Paris, que du royaume, contenant l'origine de chaque corps, un abrégé de leurs statuts (par Olivier Pary.) *Paris, veuve Duchesne*, 1766, in-12, veau.

448. Collection des Plombs historiés trouvés dans la Seine, et recueillis par Arthur Forgeais. *Paris*, 1862-1866, 5 vol. in-8, fig., demi-rel. vélin, *non rognés*.

Méreaux des corporations de métiers. — Enseignes des pèlerinages. — Variétés numismatiques. — Imagerie religieuse. — Numismatique populaire.
On y joint : *Numismatique des corporations parisiennes, métiers, etc., d'après les plombs historiés trouvés dans la Seine, par A. Forgeais.* Paris, 1874, in-8, demi-rel. vélin.

449. Liste des jurés du Roi ès œuvres de l'art de charpenterie, maîtres et gardes, jurés-syndics en charge, anciens jurés-syndics et maîtres de la communauté des maîtres charpentiers de la ville, fauxbourgs et banlieue de Paris. Année 1775. *Paris, impr. Veuve Thiboust*, 1774, une feuille gr. in-folio.

450. Statuts, ordonnances et réglemens de la communauté du

corps des maîtres et marchands Ciseleurs, Doreurs, Argenteurs, Damasquineurs et Enjoliveurs sur fer, fonte, cuivre
et laiton, de la ville, fauxbourg et banlieue de Paris. *Paris,*
1757, in-8, veau.

On y joint un : Arrêt de la Cour des Monnaies du 29 août 1711, rendu en
faveur des Maîtres Doreurs, Argenteurs, Damasquineurs, etc., brochure in-4.

451. Coiffeurs de Dames à Paris, 6 pièces en 2 vol. in-4, demi-rel. et brochure.

Mémoire pour les maîtres perruquiers (contre les coiffeurs de dames), 1768,
in-4. — Mémoire pour les Coëffeurs de dames contre la communauté des Maîtres-
Barbiers-Perruquiers, 1769, in-4. (Ce Mémoire est des plus curieux pour l'éloge
pompeux et maniéré qui est fait des coiffeurs de dames, dont l'art « tient au
génie », qui savent « faire épanouir la rose et la revêtir de son éclat le plus beau,
tout en respectant leur ouvrage ».) — Précis et Réponse pour les Coiffeurs de
dames contre les Barbiers, 1769. — Arrêt du 9 avril 1778, concernant la finance
à payer par les Coiffeurs de Femme, agrégés à la communauté des Barbiers-
Perruquiers de Paris. — Observations sur l'origine de la perruque des Dames de
Paris.

452. L'Artisan chrestien, ou la vie du bon Henry, maistre cordonnier à Paris, instituteur et supérieur des frères Cordonniers et Tailleurs, par Jean Antoine Vachet. *Paris, Desprez,* 1670, in-12, veau fauve, tr. dor. (*Petit.*)

Il y avait à Paris deux communautés de Frères-Cordonniers, rue Pavée-
Saint-André et rue de la Grande-Truanderie.

453. Recueil de Statuts, édits et ordonnances concernant le corps des marchands Grossiers Joailliers de Paris, etc. En un vol. in-4, mar. rouge, dos orné, double rangée de fil., tr. dor. (*Rel. anc.*)

Ce volume contient : 1° Règlement de 1679 sur le fait de l'orfèvrerie.

2° Arrêt (du 4 septembre 1696) qui ordonne que l'arrêt du 17 janvier 1696 sera
exécuté selon sa forme.

3° Edit (du mois d'avril 1703) portant règlement pour l'orfèvrerie.

4° Arrêt du 26 mai 1704 qui casse un arrêt de la Cour des Monnaies contre
les gardes de l'orfèvrerie.

5° Mémoire présenté au Roy par les maîtres et gardes du corps des Marchands
orfèvres de Paris contre Claude Charvet et Barnabé Sageret, orfèvres privilégiés
de la maison du duc d'Orléans, 1736.

6° Statuts et règlements des tireurs et escacheurs d'or et d'argent de Lyon, 1683.

7° Liste des noms et demeures des agents de change, banque, commerce et
finances de Paris, 1720.

Reliure aux armes royales.

454. Ordonnances, Statuts, Règlements et Arrêts concernant le Mestier des Maistres Maçons, Tailleurs de Pierres, Plastriers,

Mortelliers et la Justice que le Maistre general des Œuvres et bastiments du Roy a sur lesdits Maistres Maçons et autres ouvriers dépendant de l'art de Maçonnerie. Ensemble sur les Chaufourniers, Carriers, Jardiniers, Preauliers et Pionniers de France. *Paris, Charpentier*, 1629, in-8 de 87 pp. cart. en vélin.

455. Maçons, 5 vol. et brochures.

> Arrêt du 21 mars 1617 portant règlement entre les Couvreurs, Serruriers, Menuisiers et les Massons et Charpentiers, contenant défense ausdits Massons de rendre les batiments faits, 1631, pet. in-8, demi-rel. — Mémoire pour les Maçons, 1745, in-fol. — Arrêts portant défense aux Maçons de prendre la qualité d'architectes, etc.

456. Tableaux de la Communauté des maîtres menuisiers-ébenistes, tourneurs et layetiers de la ville, fauxbourgs et banlieue de Paris. *Paris*, 1778, in-16, basane.

457. Ordonnances et Statuts des maîtres et marchands tapissiers de la ville de Paris. *S. l. n. d. (Paris*, 1671), in-8, cart.

458. Tableaux des maîtres et marchands tapissiers, vendeurs de meubles en neuf et vieux et miroitiers de la ville et fauxbourgs de Paris pour 1778. *Paris, impr. Chardon*, 1778, une feuille in-plano.

VI. — HISTOIRE DES LETTRES, DES SCIENCES ET DES ARTS.

459. Histoire de l'Université de Paris, depuis son origine jusqu'en l'année 1600, par M. Crevier, professeur de rhétorique au collége de Beauvais. *Paris, Desaint et Saillant*, 1761, 7 vol. pet. in-8, mar. vert, dos orné, fil., tr. dor. (*Rel. anc.*)

> Cette histoire a été tirée en grande partie de l'histoire de Du Boulay.

460. Plaidoyé(rs) de maistre Loïs Servin, advocat en Parlement, pour maistre Jean Hamilton, escossois, pourvu de la cure de Sainct Cosme et S. Damian, appellant contre maistre Pierre Tenrier, opposant. En ces deux plaidoyez sont traictez trois

points principaux, le premier sur la qualité de l'Université,
si c'est un corps lay, ou ecclésiastique, et quel est le droict
de patronage, en vertu duquel le recteur a presenté Hamilton.
Le second, si les Ecossois sont capables de tenir benefices en
France, etc. *Paris, Ad. Perier*, 1586, in-8 réglé, vélin, dos
orné, fil., milieux, coins remplis, tr. dor. (*Rel. anc.*)

Important pour l'histoire de l'Université.
Bel exemplaire dans une jolie reliure.

461. Mémoire touchant la seigneurie du Pré-aux-Clercs, appar-
tenante à l'Université de Paris. Pour servir d'instruction à
ceux qui doivent entrer dans les charges de l'Université, (par
Edme Pourchot). *Paris, Vve Claude Thiboust*, 1694, in-4,
demi-rel. mar. rouge.

On trouve dans cet important volume un plan du Pré-aux-Clercs.

462. Le Cabinet de la Bibliothèque de Sainte-Geneviève, divisé
en deux parties. Contenant les antiquitez de la religion des
chrétiens, des égyptiens et des romains ; des tombeaux, des
monnoyes, des pierres antiques gravées, etc., par le R. P.
Claude du Molinet. *Paris, Ant. Dezallier*, 1692, in-fol.,
front. et pl., veau.

463. Relation contenant l'Histoire de l'Académie Françoise,
(par Pellisson). *A Paris, chez Pierre le Petit*, 1653, in-8, veau.

Bel exemplaire en GRAND PAPIER de l'ÉDITION ORIGINALE portant sur les plats
de la reliure les armes et le chiffre de Denis de SALLO, sieur de La Coudray.
De la bibliothèque de M. Guizot.

464. Projets de reconstruction de l'ancienne école de Médecine,
sise rue de la Bucherie. En un vol. in-fol. obl., cart.

Projets qui furent présentés en 1743 au Garde des sceaux. A cette époque
divers bâtiments de l'École tombaient en ruines et ce volume renferme quatre projets, un de Fagon (exécuté au XVIIe siècle par *Mansard*) et trois de Baron, doyen
de la Faculté de Médecine, (exécutés au XVIIIe siècle par *Le Camus*) de reconstruction de l'École.
Le projet de Fagon comprend 7 dessins, plans, coupe et élévations. Les
projets de Baron, tant à la rue de la Bucherie, qu'à la rue St-André-des-Arts,
dans l'Hôtel de Chateauvieux, comprennent 18 dessins à l'aquarelle, plans,
coupes et élévations. Ensemble 25 dessins lavés à l'aquarelle par *Le Camus*,
architecte du Roi.
Aucun de ces projets ne fut exécuté, au moins en entier.

465. Description des Ecoles de Chirurgie, par M. Gondoin,

architecte du Roi, dessinateur des meubles de la Couronne. *Paris, impr. de Ph.-D. Pierres*, 1780, in-fol., pl., demi-rel.

Cette description de l'Ecole de Chirurgie de Paris a été tirée seulement à 100 exemplaires ; elle est ornée de 30 belles pl. gravées par *Poulleau* et *Parizeau*.

Le même volume renferme : 1° Plan, coupes et élévations, profils de l'église de St-Philippe du Roule, (par Chalgrin), titre, dédicace et 17 pl. gravées par *Taraval*.

2° Description de la place Louis XV que l'on construit à Reims, par Le Gendre. *Paris*, 1765, 8 pl. par *Choffard* et *Moitte*.

3° Plan de Reims par *Lattré*, 1769, 2 ff. in-fol. et 2 pl. de bordures ornées.

4° Recueil des plans, coupes et élévations du nouvel hôtel-de-ville de Châlons, construit en 1772 par Durand, *Paris*, 1772, 5 pl. gravées par *De La Gardette*.

466. La perspective horizontale du jardin royal des plantes Medicinales estably a Paris par Louis le Juste, roy de France et de Navarre, dessiné et gravé par A. Bosse. *Paris*, 1641, in-fol., *en feuille*.

On y joint : Plan du Jardin des Plantes, dessin original du milieu du XVIII° siècle, in-fol.

467. Description du Jardin royal des plantes medecinales, estably par le roy Louis le Juste à Paris. Contenant le catalogue des plantes qui y sont de present cultivées. Par Guy de la Brosse. *Paris*, 1636, in-4 réglé, pl., mar. rouge, dos orné, double rangée de fil., tr. dor. (*Rel. anc.*)

Exemplaire de LE TELLIER DE COURTANVAUX, contenant la grande planche de *Fed. Scalberge* représentant le *Jardin du Roy pour la culture des plantes médicinales*, tirée sur vélin et peinte en miniature à l'imitation d'un dessin original.

468. Le Jardin des Plantes, description complète historique et pittoresque du muséum d'histoire naturelle, de la ménagerie, des serres, des galeries, etc., par MM. P. Bernard, L. Couailhac, Gervais et Emm. Lemaout. *Paris, Curmer*, 1842-1843, 2 vol. gr. in-8, portr. et fig., demi-rel. dos et coins de mar. vert, *non rognés*.

Bel exemplaire du PREMIER TIRAGE.

469. Mémoires pour servir à l'Histoire de l'Académie royale de Peinture et de Sculpture, par M. Hulst. *S. l. n. d.*, in-4, vélin.

Manuscrit du XVIII° siècle de plus de 400 pages.

Il débute par ce titre : *Détails, anecdotes concernant l'établissement et la restauration de l'Académie royale de peinture et sculpture par un ami de la vérité.*

470. Académie de peinture et sculpture, Académie d'architecture, Académie de St-Luc, Ecole de dessin et Ecole des Beaux-Arts, 8 vol. et brochures.

> Conférences de l'Académie de peinture (par Félibien), 1669, in-4. — Etablissement de l'Académie de peinture, 1723. — Projet de règlement pour l'Académie de peinture, 1790. — Description de l'Académie de peinture par Guérin, 1715. — Notice sur les anciennes Académies de peinture et de sculpture par Deseine, 1814. — Etablissement de l'Académie d'architecture, 1717. — Sentences et arrêts concernant l'Académie de St-Luc, etc.

471. DISCOURS prononcez dans les conférences de l'Académie royale de Peinture et de Sculpture, par M. Coypel, premier peintre du Roy, de Mgr. le duc d'Orléans et Directeur de l'Académie royale de Peinture et de Sculpture. *Paris*, *Collombat*, 1721, in-4, mar. rouge, dos orné, dent., tr. dor. (*Rel. anc.*)

> Deux en-têtes dessinés par *Coypel*, gravés par *Audran*.
> Bel exemplaire aux armes du cardinal FLEURY.

VII. — HISTOIRE DES MŒURS ET DES COUTUMES.

472. La Ville de Paris en vers burlesques. Contenant toutes les galanteries du palais, la chicane des plaideurs, l'éloquence des harangères de la halle, etc. Par le sieur Berthod. *Paris*, *Guill. Loyson*, 1652, in-4, cart.

> ÉDITION ORIGINALE.

473. La Ville de Paris en vers burlesques, par le sieur Berthod. *Paris, veuve G. Loyson*, 1655, in-4, front. et fig. de Chauveau, vélin.

474. La Ville de Paris, en vers burlesques. Contenant les galanteries du Palais, la chicane des plaideurs, les filouteries du Pont-Neuf, l'eloquence des harangères de la Halle par le sieur Berthod. *Paris, Gervais Clouzier*, 1658, in-8, front., veau fauve.

> Exemplaire de BONNARDOT.

475. Le Tracas de Paris, ou la seconde partie de la Ville de Paris en vers burlesques. *Paris*, 1692, in-12, cart.

> Dans le même volume : *le Déjeuné de la Rapée* ; *la Pipe cassée* ; *les Bouquets*

poissards, par Vadé, et *Lettres amoureuses de la Dame Lescombat (femme d'un architecte) et du sieur Mongeot ou l'histoire de leurs Criminels Amours*, Rouen, 1757.

476. Paris ridicule par Petit, ou il y a cent vingt-six dizains, c'est-à-dire 1260 vers. Pièce satyrique. *Imprimé cette année (Paris, vers 1670)*, in-12, demi-rel.

Curieux poème burlesque renfermant des dizains sur les principaux monuments de Paris.

477. Journal d'un Voyage à Paris (par Messieurs de Villiers) en 1657-1658, publié par A. P. Faugère. *Paris, Benjamin Duprat*, 1862, *broché*.

« Publication intéressante et curieuse, elle est devenue rare et mérite d'être recherchée. » Lacombe, *Bibl. parisienne*, n° 41.

478. A JOURNEY TO PARIS in the year 1698, by Dr. Martin Lister. *London, printed for Jacob Tonson*, 1698, in-8, pl., mar. rouge, dos orné, comp. de fil. et dent., tr. dor. (*Rel. anc.*)

Première édition de la relation de ce voyage à Paris du docteur Lister qui, en 1698, accompagna le comte de Portland dans son ambassade auprès de Louis XIV, après la paix de Ryswick.

Elle est tellement rare que M. de Sermizelles, traducteur de ce voyage, a douté de son existence et que M. Lacombe (*Bibl. parisienne*, n° 65) a affirmé qu'elle n'existait pas.

479. Voyage de Lister à Paris en 1698, traduit pour la première fois, publié et annoté (par M. de Sermizelles). On y a joint des extraits des ouvrages d'Evelyn relatifs à ses voyages en France de 1648 à 1661. *Paris, pour la Société des bibliophiles*, 1873, in-8, fig., *broché*.

On y joint : Histoire journalière de Paris, par Dubois de Saint-Gelais (1716-1717), *Paris*, 1885, pet. in-8, fig., *broché*.

480. Séjour de Paris, c'est-à-dire Instructions fidèles pour les voyageurs de condition, comment ils se doivent conduire s'ils veulent faire un bon usage de leur tems et argent, comme aussi une description de la cour de France, du Parlement, des bibliothèques, avec une liste des savants, artisans, etc., par le Sr J. C. Nemeitz. *Leide, Jean van Abcoude*, 1727, 2 vol. pet. in-8, veau fauve, dos orné à la grotesque, fil., tr. dor. (*Rel. anc.*)

Ouvrage curieux et recherché pour les renseignements qu'on y trouve sur

Paris à cette époque, aussi bien sur les monuments que sur les mœurs, usages, etc. Nombreuses figures. Lacombe, n° 84.

481. Recueil des facecies parisiennes pour les six premiers mois de l'an 1760, *S. l.*, 1760, in-8, veau, tr. dor.

Contient : 1° Mémoire pour le Sr Gaudon, entrepreneur de spectacles sur les boulevards de Paris, contre le Sr Ramponeau, cabaretier à la Courtille et Plaidoyer de Ramponeau.

2° Le Russe à Paris (par Voltaire).

3° Les Quand, les Si, les Pourquoi, le Pour et le Contre, (par Voltaire).

482. Les Astuces de Paris, anecdotes parisiennes dans lesquelles on voit les ruses que les intriguans et certaines jolies femmes mettent communément en usage pour tromper les gens simples et les étrangers, par M. N*** (Nougaret). *Londres et Paris*, 1775, 2 part. en un vol. in-12, veau.

Lacombe, *Bibl. parisienne*, n° 211, donne les titres des principaux chapitres.

483. Tableau de Paris, (par Mercier). Nouvelle édition corrigée et augmentée. *A Amsterdam (Paris)*, 1782-1788, 12 vol. in-8, portr. — Le Nouveau Paris, par le Cit. Mercier. *Paris, Fuchs, s. d.* (1799), 6 vol. in-8. Ens. 18 vol. in-8, demi-rel. dos et coins de mar. rouge, *non rognés.*

Édition complète. Lacombe, n° 305.

Exemplaire auquel on a ajouté la suite des 96 figures gravées à l'eau-forte par *Dunker.*

On y joint : *Six lettres* (par Fortia de Piles) *à S. L. Mercier sur les six tomes de son nouveau Paris.* Paris, 1801, in-12, demi-rel.

484. Le Nouveau Paris, par le cit. Mercier. *Paris, Fuchs, s. d.* (1799), 6 tomes en 3 vol. in-8, demi-rel.

485. Nouveaux Tableaux de Paris (lithographiés par Marlet). *Paris, lith. de Marlet, s. d. (vers* 1825), in-4 obl., demi-rel.

Faux-titre et 71 planches lithographiées, avec autant de feuillets d'explications imprimées.

Marlet est le principal auteur des dessins ; on remarque aussi sur plusieurs planches les noms de *Brocas, Auget* et *Feuchère.*

Deux dessins originaux de *Marlet* ajoutés.

486. Scènes populaires dessinées d'après nature par Baptiste. *Paris, Jeannin, s. d.*, in-4, pl., cart.

Huit planches lithographiées.

487. Muséum parisien. Histoire physiologique, pittoresque, philosophique et grotesque de toutes les bêtes curieuses de

Paris et de la banlieue. Texte par M. Louis Huart. 350
vignettes par MM. Grandville, Gavarni, Daumier, etc.
Paris, Beauger et Cie, 1841, in-8, fig., demi-rel. chagrin
rouge, *non rogné*. (*Rel. du temps.*)

Très bel exemplaire. Rare.

488. Les Industriels. Métiers et professions en France, par
Emile de La Bédollière, avec cent dessins, par Henry Mon-
nier, *Paris*, 1842, in-8, fig. demi-rel. veau.

PREMIER TIRAGE.

489. Les Cris de Paris, que l'on entend journellement dans les
rues de la Ville; avec la chanson desdits cris, plus un brief
état de la Depense qui se peut faire en icelle Ville chaque
jour, ensemble les chapelles et rues, hôtels, etc... *A Troyes,
chés la veuve P. Garnier, s. d.* (1720), pet. in-12, mar. bleu,
fil. à froid, tr. dor. (*Bauzonnet.*)

Réimpression de l'édition de ce recueil publiée à Paris en 1584, in-16,
(Brunet, *Manuel*, II, 425). Parmi les pièces tant en vers qu'en prose contenues
dans ce recueil, plusieurs avaient été publiées séparément dès le commencement
du XVIᵉ siècle et ont été plusieurs fois réimprimées dans ces dernières années,
par MM. Bonnardot et Franklin.
Bel exemplaire provenant de la bibliothèque de M. le baron J. PICHON.

490. LES CRIS DE PARIS, dessinés et gravés à l'eau-forte par
P. Brebiette. (*Paris*), *Jac. Honervogt excudit*, (*vers* 1640),
in-4, vélin.

Très curieuse suite de 42 planches numérotées.
On a ajouté au recueil une planche supplémentaire découpée et collée à plat.
Ensemble 43 pièces.

491. CRIS DE PARIS dessinés d'après nature par M. Poisson.
A Paris, chez l'auteur, s. d. (1775), in-8, mar. rouge, dos
orné, fil., tr. dor. (*Rel. anc.*)

Un titre gravé et 72 planches coloriées publiées en 12 cahiers.
Recueil devenu fort rare.

492. ARTS, MÉTIERS ET CRIS DE PARIS, dessinés par Joly
d'après nature. *A Paris, chez Martinet, s. d.* (*vers* 1815), in-8,
demi-rel. dos et coins basane, *non rogné*.

Suite de 62 planches de costumes parisiens gravées en couleurs. Très rare.
On a ajouté à ce volume six dessins originaux à l'aquarelle.

493. Plaisirs, divertissements, cafés et cabarets de Paris. 9 vol. in-12, demi-rel. et *brochés*.

> L'Optique du jour ou le foyer Montansier, par Joseph R(osny). *Paris*, 1799, fig. — Voyage autour du Pont-Neuf, par J. Rosny. *Paris*, 1802. — Le Tribunal volatil, par R. C...u. *Paris*, 1803. — Almanach des plaisirs de *Paris*, 1815. — Les Cafés de Paris, (par Bazot). *Paris*, 1819. — Les Cabarets de Paris, (par Cuisin). *Paris*, 1821. etc.

494. Les Justes Plaintes faites au Roy, par les Cabaretiers de la ville de Paris. Sur la confusion des carrosses qui y sont, et de l'incommodité qu'en reçoit le public. *Paris*, 1625, pet. in-8 de 32 pp., demi-rel. mar. violet.

> Les Cabaretiers demandaient la suppression des carrosses comme préjudiciables au commerce.

495. La Déroute et l'Adieu des Filles de Joye de la ville et faubourgs de Paris, avec leur nom, leur nombre, les particularitez de leur prise et de leur emprisonnement. Requeste à M. D. L. V. (Mlle de La Vallière). *Jouxte la copie à Paris*, 1667, pet. in-12 de 33 pp., *vélin*.

> Pièce de vers anonyme. La première édition avait été publiée en 1666 à Paris, mais sans la *Requête* à Mlle de La Vallière.
>
> Cette édition publiée en *Hollande* est devenue fort rare; elle s'annexe à la collection des Elzevier.

VIII. — ENVIRONS DE PARIS.

1. — *Plans. — Descriptions. — Vues.*

496. Plans divers des environs de Paris, in-fol., *en feuilles*.

> 1° Nouvelle description du territoire et banlieue de Paris, par *Jean Boisseau*, vers 1675.
> 2° Diocèse de l'Archevêché de Paris, par *Jouvin de Rochefort*, vers 1695.
> 3° L'Isle de France. A *Paris, chez Crépy*, vers 1700.
> 4° Diocèse de l'Archevêché de Paris, par *Jouvin de Rochefort*, 1714.
> 5° Les Environs de Paris, par *N. De Fer*, vers 1720.
> 6° Gouvernement de l'Isle de France, par *Robert*, 1754.

497. Plans des environs de Paris au XVIIIe siècle, in-fol., *en feuilles*.

> 1° Environs de Paris, par *Desnos*, 1762.
> 2° Généralité de Paris, par *Desnos*, 1762.

3° Environs de Paris, par *Desnos*, 1775.
4° Gouvernement militaire de Paris, par *Janvier*, 1780.
5° La Généralité de Paris, par *H. Jaillot*, 1781, 2 feuilles.
6° Prévosté et Vicomté de Paris, par *G. Delisle*, 1782.

498. Plans des environs de Paris à la fin du XVIIIe siècle et au commencement du XIXe, in-fol., *en feuilles.*

1° Département de Paris, gravé par *d'Houdan*, vers 1794. Curieux pour les noms révolutionnaires des communes environnantes, Saint-Denis est converti en Franciade ; Bourg-la-Reine en Bourg-égalité ; Montmartre en Mont-Marat ; Saint-Germain en Montagne de bon air.
2° Paris en 1792 et 1793 avec les fortifications faites pour la défense de la ville. Plan publié en *Hollande.*
3° Plan des sièges de Paris en 1814 et 1815.

499. Tableau topographique des environs de Paris, jusqu'aux extrémités du diocèse, par Dom Coutans, Béned. de S. Maur. *Paris, vers* 1720, in-fol., *en feuilles.*

Cette carte se compose de 4 feuilles très bien gravées contenues dans des bordures richement ornées.

500. Carte générale de la Capitainerie royale de la Varenne des Tuileries levée en 1733 et gravée en 1737, in-fol., *en feuille.*

Intéressante carte des environs de Paris dans la direction du Nord-Est et de l'Ouest. Elle a été gravée aux frais de Bonnier de La Mosson, capitaine des chasses. Le titre est contenu dans un joli cartouche orné gravé par *Gamot.*

501. Les Promenades des environs de Paris, en quatre cartes, précédées d'une description abrégée des lieux qu'elles contiennent, par R. de Vaugondy. *Paris*, 1761, in-8, pl., cart.

On y joint : Voyage pittoresque des environs de Paris, (par D. d'Argenville), *Paris*, 1755, in-12, veau.

502. Pouillé historique et topographique du Diocèse de Paris, par L. Denis, 1767, in-fol., titre et texte gravés, plan, demi-rel.

Plan de Paris et des environs en 7 feuilles.

503. Atlas communal du département de la Seine, dressé en 1854 et révisé de 1869 à 1874 par Lefèvre frères. *Paris, Monrocq, s. d.*, 8 vol. in-fol., cart.

Atlas divisé en 8 cantons et 71 communes, comprenant 71 feuilles in-folio.

504. Nouvelle Description des Environs de Paris, contenant des

détails historiques et descriptifs des maisons royales, des villes, bourgs, villages, châteaux, etc. Seconde édition. Par J. A. Dulaure. *Paris, Le Jay,* 1787, 2 tomes en un vol. in-12, mar. rouge, dos orné, fil., tr. dor. (*Rel. anc.*)

Bel exemplaire dans une jolie reliure de *Derome.*

505. Description des Environs de Paris considérés sous les rapports topographique, historique et monumental, par Alexis Donnet. Avec une carte et 62 gravures. *Paris, Treuttel et Würtz,* 1824, in-8, fig, demi-rel. mar. rouge, dos orné, tr. marbrée.

On y joint : 1e Le même ouvrage. *Paris,* 1842, in-8, fig., cart. *non rogné.*
2° La Seine et ses bords, par Ch. Nodier. *Paris,* 1836, in-8, fig., demi-rel., *non rogné.*
3° Paris et ses environs, promenades pittoresques. *Paris, Janet, s. d.,* in-12, fig. veau.

506. Dictionnaire pittoresque et historique, ou description d'Architecture, Peinture, Sculpture, Gravure, Antiquités, et dates des monuments de Paris, Versailles, Marly, Trianon, S. Cloud, Fontainebleau, etc. Par M. Hebert. *Paris,* 1766, 2 vol. in-12, cart., *non rognés.*

507. Mémoires intéressans pour servir à l'Histoire de France, ou Tableau historique, chronologique, pittoresque, ecclésiastique, civil et militaire, des Maisons royales, Châteaux et Parcs des Rois de France. Avec figures gravées en taille douce. Par M. Poncet de La Grave. *A Paris, chez Nyon l'aîné,* 1788-1789, 4 vol. pet. in-8, portr. et fig., veau.

Intéressants détails sur les châteaux de *Vincennes, Saint-Cloud, Meudon, Boulogne* (dit *Madrid*) et *La Muette.* Jolies figures par *Ransonnette.*

508. Recueil d'Architecture civile, contenant les plans, coupes et élévations des châteaux, maisons de campagne et habitations rurales, jardins anglais, temples, chaumières, kiosques, ponts, etc., situés aux Environs de Paris et dans les départemens voisins. Ouvrage composé de 121 planches, accompagné d'un texte explicatif, par J. Ch. Krafft. *Paris, impr. Crapelet,* 1812, gr. in-fol., pl., demi-rel., *non rogné.*

120 planches gravées par *Boullay, Gentot, Van-Maelle,* etc. Chacune d'elles donne les plans, coupes, élévations de maisons particulières des environs de Paris. Nombreux plans de jardins.

509. Paisages dessignés apres le naturel aux environs de Paris et gravés par Albert Flamen, peintre. *A Paris, chez Pierre Mariette, s. d. (vers* 1660), in-4 obl., veau, fil., tr. rouge.

Suite de 12 pl. numérotées : Moulins à poudre d'Essonne, vues de Gentilly, Montrouge, Vaugirard, Corbeil, etc.

Le même volume renferme : 1° Veue de diverses païsage au naturel d'alentour de Paris, dessiné et gravé par A.-B. Flamen. *Paris, Mariette, s. d.*, 12 pl., vues de Charenton, d'Alfort, de Bourg-la-Reine, de l'Abbaye de Longchamp, etc.

2° Diverses vues des environs de Paris, gravées par *Flamen*, 11 pl., vues du Port à l'Anglais, de Conflans, du Peray, du faubourg St-Victor, de Soisy.

3° Vues de Longuetoise et des environs d'Etampes, gravées par Flamen. *Paris, Van Merlen, s. d.* 12 pl. (2 pl. en double).

4° 17 planches diverses de *Flamen*.

5° Vues de Paris gravées à l'eau-forte par R. Zeeman. *Amsterdam, Cl. de Jonghe exc , s. d. (vers* 1660), 8 pl. in-4. Vues des Tuileries, de Conflans, de St-Denis, de Chaillot, etc. (suite très rare).

6° 9 vignettes par *Zeeman*, dont 5 représentent des vues des environs de Paris.

7° 3 planches diverses dont *le Triomphe bachique des bons Compagnons* avec vues des cabarets de Paris.

Ensemble 86 pièces.

510. Livres de diverses veues des environs de Paris et d'autres endroits. Présenté à S. A. S. Monseigneur le duc d'Anguien, par Nicolas Bailly. *A Versailles, chez l'auteur, à Paris, chez S. Thomassin, graveur, s. d. (vers* 1700), in-4 obl., veau.

Jolie suite de 18 planches y compris le titre dans un cartouche ornementé.

511. Vues diverses des environs de Paris, 40 pl. de divers formats, *en feuilles.*

Plan du château de Bercy. — Plan du château de Petit-Bourg. — Plan et vues du château de Bagnolet. — Maison de M. Crozat à Montmorency. — Environs de Paris fortifiés en 1815, 2 pièces en couleur, gravées par *Jazet*. — Vues de Mantes, Marly, Arcueil, Etiolles, etc., etc.

512. Vues diverses des environs de Paris dessinées par Huet, gravées par Mixelle. *Paris, Bonnet, s. d.,* in-4, *en feuilles.*

Château de Liancourt. — Prieuré de Croissy. — Abbaye de Joyanval. — Château de St-Germain. 4 pièces gravées en couleur. Rare.

2. — *Localités diverses* (par ordre alphabétique).

513. Anet. Description du château d'Anet (par Le Marquant). *A Chartres, chez la Vve Fr. Le Tellier,* 1776, in-12, mar. rouge, dos orné, fil., tr. dor. (*Rel. anc.*)

514. — Description du château d'Anet (par Le Marquant).
Paris, Desprez, 1789, in-12, *broché*.

On y joint la *Description du Château d'Anet*, par Lenoir.

515. — Histoire et Description du Château d'Anet, depuis le
dixième siècle jusqu'à nos jours. Précédée d'une notice sur
la ville d'Anet ; terminée par un sommaire chronologique
sur tous les seigneurs qui ont habité le Château et sur ses
propriétaires et contenant une étude sur Diane de Poitiers,
par Pierre-Désiré Roussel d'Anet. *Paris, Jouaust*, 1875,
pet. in-fol., fig., demi-rel. dos et coins de mar. rouge, tête
dor., *non rogné*.

Bel ouvrage enrichi de nombreuses reproductions phototypiques et chromo-
lithographiques.

516. Bicêtre. 3 vol. in-12, demi-rel.

Histoire mémorable et espouvantable, arrivée au chasteau de Bissestre près
Paris. *Paris*, 1623. — La Chasse donnée aux espouvantables esprits du chasteau
de Biscestre, par la démolition qui en a esté faite. *Paris*, 1634. — Les cérémonies
faictes dans la Chapelle du chasteau de Bissestre, le 25 Aoust 1634. *Paris*, 1634.

517. Boulogne. 3 vol. in-8, demi-rel.

Le Château du Bois de Boulogne dit château de Madrid, étude sur les arts
au seizième siècle par le comte de Laborde. *Paris*, 1835. (Tiré à 100 exemplaires.)
— Madrid, notes sur l'ancien château, bâti par François Ier dans le Bois de
Boulogne en 1530, démoli en 1792, par Vaudoyer, architecte. *Paris*, 1837,
manuscrit in-8 avec dessin original au crayon noir. — Le Bois de Boulogne,
poème, par Barthélemy. *Paris*, 1860.

518. Chantilly. Promenades ou Itinéraire des Jardins de Chantilly, orné d'un plan et de vingt estampes qui en représentent les principales vues. *Paris, Desenne*, 1791, in-8,
fig. — Promenade ou Itinéraire des Jardins d'Ermenonville,
auquel on a joint vingt-cinq de leurs principales vues,
dessinées et gravées par Mérigot fils. *Paris, Mérigot père*,
1788, 2 tomes en un vol. in-8, fig., demi-rel. mar. rouge.

Ouvrages publiés le premier par Mérigot, le second par le comte C. Stanislas
X. de Girardin et ornés ensemble de 45 jolies figures gravées à l'aqua-tinte par
Mérigot.

519. — Description des eaux de Chantilly et du hameau, par
M. le Camus de Mézières, architecte. *Paris*, 1783, in-8,
broché.

On y joint 2 anciens plans du château et des jardins.

520. Chilly. Notice sur Chilly-Mazarin. Le château, l'église, le village, le maréchal d'Effiat, par M. Patrice Salin. *Paris, impr. Ad. Le Clere*, 1867, in-4, portr. et pl., demi-rel. mar. rouge, dos orné, tête dor., *non rogné. (Petit.)*

521. Choisy. Le Château de Choisy. La Ville de Choisy. Thiais. Orly, etc. Etudes historiques et monumentales. *Paris, Dumoulin*, 1867, in-12, demi-rel.

> On a ajouté à cet exemplaire une vue du château de Choisy et une curieuse eau-forte attribuée à Mme de Pompadour représentant la dédicace de l'église de Choisy le 27 septembre 1760.
>
> On y joint : Ismenie et Ismenias, ou la fête de Jupiter, opéra (de Laujon) représenté à Choisy le 13 juin 1763. *Paris*, 1763. — Il n'y a plus d'Enfans, comédie (par Nougaret) ; la Guinguette, ambigu-comique ; le Chat botté, pantomime : représentés à Choisy-le-Roi, le 8 avril 1772. — Erosine, pastorale héroïque (par Moncrif), représentée à Choisy en septembre 1778.

522. — Plans, Coupes et élévations du Petit-Château de Choisy, 1754, 7 ff. in-fol.

> Dessins originaux de l'architecte *Gabriel* qui fut chargé par Louis XV, d'édifier à Choisy un pavillon particulier dit le Petit-Château, à côté de l'ancien château bâti par Mansard.
>
> Ces dessins cotés sont consacrés :
>
> 1° Au *Plan des fondations et souterrains.*
>
> 2° *Coupe au travers de la pièce des buffets.*
>
> 3° 3 dessins d'élévation des façades du côté de la cour et du côté des jardins.
>
> 4° *Elévation du côté du gouvernement.*
>
> 5° *Coupe du Salon et du Vestibule* (très joli dessin avec l'indication précise des décorations).
>
> Ces dessins sont d'autant plus importants que ce château a été détruit.

523. — Arrêt du 12 Août 1781 qui maintient le sieur Marchal de Sainscy, comme administrateur de l'Abbaye de S. Germain des Près, dans le droit de tenir un Bac sur la rivière de Seine, au lieu de Choisy-le-Roi, in-4, demi-rel. (2 éditions différentes).

524. Compiègne. Histoire du palais de Compiègne. Chroniques du séjour des souverains dans ce palais, écrite d'après les ordres de l'Empereur, par J. Pellassy de l'Ousle. *Paris, impr. impériale*, 1862, in-fol., pl., demi-rel. dos et coins de mar. rouge, tête dor., *non rogné.*

525. — Inventaire du trésor de l'abbaye royale de S. Corneil de Compiègne. *Paris, Pierre de Bast*, 1698, in-8, demi-rel. veau.

526. — Journal du camp de Coudun. *Paris, M. Brunet,* 1698, in-12, veau.

> Relation des manœuvres et revues qui eurent lieu dans les environs de Compiègne à Coudun.
>
> Saint-Simon a laissé un récit des plus imagés de ce qui passa dans le camp où le roi se rendit accompagné de Mme de Maintenon, de la duchesse de Bourgogne, etc.

527. Ermenonville. Vues des jardins d'Ermenonville, in-4, *en feuilles.*

> Huit planches dont cinq en couleur dans le genre de *Janinet.*
>
> Voy. encore le n° 518.

528. Fontainebleau. Le Trésor des merveilles de la Maison royale de Fontainebleau contenant la description de son antiquité, de sa fondation, de ses bastimens, de ses rares peintures, de ses jardins, de ses fontaines, etc. Par le R. P. F. Pierre Dan. *Paris, Sébastien Cramoisy,* 1642, in-fol., fig., mar. rouge, dos orné, fil., tr. dor. *(Rel. anc.)*

> Neuf planches d'*Abraham Bosse* et de *M. Lasne,* d'après *J. de Francini,* représentant le château de Fontainebleau et ses fontaines. Ouvrage des plus importants au point de vue historique.
>
> Exemplaire en GRAND PAPIER, relié par *Le Gascon,* portant les armes du chancelier Séguier. Reliure fatiguée.

529. — Relation de ce qui s'est passé de plus remarquable a Fontainebleau et qui explique aussy dans quel temps et sous quel règne chacque bastiment a esté fait dont les premiers sont de Louis VII en 1169. *S. l. n. d.,* pet. in-8, veau.

> Manuscrit autographe de la fin du XVIIe siècle, de 148 pp. L'auteur de cette relation (N. de Fer) s'est surtout attaché à mettre dans un ordre nouveau, l'ouvrage du P. Dan, sur Fontainebleau.
>
> Le volume contient une liste des prieurés et hermitages de la forêt. On y trouve aussi une notice sur la *Chasse aux cormorans,* c'est-à-dire de la pêche à l'aide de cormorans dressés à cet effet. Ce fut Louis XIII qui institua cette pêche en 1631.
>
> Plan du château et carte de la forêt, édités par *N. de Fer* ajoutés.

530. — Description historique des château, bourg et forest de Fontainebleau, contenant une explication historique des peintures, tableaux, reliefs, statues, ornemens qui s'y voyent. Enrichie de plusieurs plans et figures par M. l'abbé Guilbert. *Paris, Cailleau,* 1731, 2 vol. in-12, veau.

> Exemplaire de Guyon de Sardière.

531. — Fontainebleau, études pittoresques et historiques sur ce château par Castellan. *Paris*, 1840, in-8, fig., *broché*.

Orné de 85 planches par l'auteur. 50 sont en double AVANT LA LETTRE.

532. — Les travaux d'Ulysse, desseignez par le sieur de Sainct Martin, de la façon qu'ils se voyent dans la maison royalle de Fontainebleau. Peints par le sieur Nicolas et gravez en cuivre par Theodore Van Tulden, avec le sujet et l'explication morale de chaque figure. *Paris, Fr. Langlois*, 1640, pet. in-fol. oblong., pl., veau. (*Rel. anc.*)

58 planches gravées en taille-douce.
On a relié à la suite : *Les Angles de la Farnésine*, suite de dix estampes gravées par *François Perrier, Bourguignon*, d'après les peintures de *Raphaël*. (Rob. Dumesnil. *Œuvre de F. Périer*, 21-30).

533. Issy. Plan, coupes, élévations du château d'Issy, appartenant à Mgr. le prince de Conty, proche Paris, du dessein du Sr Bullet, architecte. *Paris, Mariette, s. d.*, in-4, *en feuilles*.

Suite de 8 planches. Le château fut détruit en 1871.

534. Longuetoise. Vues de Longuetoise et des environs d'Etampes. En un vol. in-4, veau marbré, fil., tr. dor.

Recueil de 30 dessins originaux à la plume par *Flamen* dont le monogramme se trouve sur quelques-uns.
Flamen a gravé à l'eau-forte une suite de 12 pl. sur Longuetoise ; ce recueil contient 8 dessins originaux de cette suite, par contre 22 sont restés inédits.

535. Maisons-Laffitte. Vues pittoresques de Maisons-Laffitte, avec texte, dessinées d'après nature par Ed. Pingret, et lithographiées par Tripenne, Ch. Bour, Monthelier, Bagot, etc. *Paris, Dero-Becker*, 1838, in-fol., 15 planches, demi-rel.

On y joint: Le Château de Maisons, par H. Nicolle. *Paris*, 1858, in-8, *broché.*

536. — Plans et élévations du château de Maisons. *Paris, Mariette, s. d.*, in-fol., *en feuilles*.

Sept planches par *Chevotet*.

537. Meudon. Diverses vues du château de Meudon, dessinées et gravées par Israël Silvestre. *Paris*, 1705, in-fol., *en feuilles*.

Suite de 6 planches ; belles épreuves remontées à châssis.

538. Montmorency. Description d'une partie de la Vallée de

Montmorency et de ses plus agréables jardins, ornée de gravures, par M. Le Prieur. *A Tempé, et se trouve à Paris, chez le Jay,* 1788, in-8, fig., demi-rel.

Vingt-six jolies figures gravées à l'eau-forte d'après les dessins de *Marie de Lussy* et de la *Comtesse d'Albon.* Une des planches représente le *ballon de Franconville*, parti le 16 janvier 1784.

539. Mont-Valérien. Histoire du Mont Valérien, dit le Mont de Calvaire près Paris, traitant de l'origine, des motifs et de l'autheur de la dévotion au mystère de la Croix establie sur cette montagne. *Paris, J. Piot,* 1658, in-12, fig., vélin.

Curieuse vue du Mont.

540. Petit-Bourg. RECUEIL DES PLANS GÉNÉRAL ET PARTICULIERS ET VEUES DU CHASTEAU ET JARDINS DE PETIT-BOURG, avec les cartes et arpentages du parc et de ses environs. *S. l. n. d.* (1715), in-fol., pl., mar. rouge, dos orné, dent., tr. dor. (*Rel. anc.*)

Très beau et très important manuscrit du commencement du XVIII⁰ siècle, exécuté pour le duc d'ANTIN, fils de Mᵐᵉ de Montespan, possesseur du château de Petit-Bourg. Ses armes ornent les plats de la reliure et le titre.

Le volume comprend un superbe titre dessiné à la plume et à l'aquarelle, compris dans une riche et belle bordure dans le style de *Bérain*, et 18 dessins à l'aquarelle de double format, donnant les plans du château, de ses jardins et de son parc.

Ces dessins, parfaitement exécutés, sont compris dans des bordures ornées et accompagnés de titres et de légendes explicatives, contenus dans d'élégants cartouches.

Le dernier dessin donne la carte générale de la terre de Petit-Bourg, arpentée par Bourgault et Matis en 1715. Cette carte est accompagnée du détail de l'*Arpentage du château de Petit-Bourg*, 6 ff. manuscrits entourés de bordures.

541. Rueil, le château de Richelieu, la Malmaison, avec pièces justificatives, par MM. Jul. Jacquin et Jos. Duesberg. *Paris, Dauvin et Fontaine,* 1846, in-8, fig., *broché.*

On y joint : Le château de Ruel et ses jardins sous le cardinal de Richelieu et sous la duchesse d'Aiguillon, par Alfred Cramaïl. *Fontainebleau,* 1888, in-4, pl., *broché.*

542. Saint-Cloud. Curiosités du château de Saint-Cloud. *Paris, impr. de d'Houry,* 1783, in-8, cart.

On y joint : 1⁰ Explication de ce qu'il y a de plus remarquable en la maison de Monsieur à Saint-Cloud, par Combes. *Paris,* 1681, in-12, veau.

2⁰ Description des grandes cascades de la maison de St-Cloud (par Harcouet de Longeville). *Paris,* 1706, in-12, pl., veau. Très rare.

3⁰ Palais de Saint-Cloud, résidence impériale, par Ph. de Saint-Albin et Durantin. *Paris,* 1864, in-8, *broché.*

543. — Vues de St-Cloud, in-fol., *en feuilles.*

1° Vue panoramique de St-Cloud dessinée par *Delincler*, gravée par *Collignon.*
2° Vue de la maison de St-Cloud. — Id. (du côté de la cascade), 2 pl. par *Israël Silvestre.*

544. — Illumination de la grande cascade de Saint-Cloud, planche dessinée et gravée en couleur par Debucourt. *Paris,* 1810, in-4 en travers.

545. — Voyage de Paris à St-Cloud par mer et retour de S. Cloud à Paris par terre (par Néel). Quatrième édition, revue, corrigée et augmentée. *Paris, Duchesne,* 1754, in-12, veau.

Cette édition contient la carte qui se déplie. On a ajouté à l'ex. 2 ff. de *Notice sur Néel,* 2 jolies figures et le *Retour de Saint Cloud, par mer et par terre, (par Lottin)* 2° édition augmentée des *Annales et Antiquités de Saint Cloud.* Paris, 1753.

546. — Voyage de Paris à St-Cloud par mer et retour de S. Cloud à Paris par terre (par Néel). Quatrième édition, revue, corrigée et augmentée. *Paris, Duchesne,* 1762, in-12, veau.

Cette édition contient la carte qui se déplie.
On a relié à la suite : Lettres de la Grenouillière, le Déjeuné de la Rapée, la Pipe cassée, par Vadé.
On y joint : *Voyage de Paris à St-Cloud par mer.* Paris, 1802, in-12, cart.

547. — Voyage de Paris à Saint-Cloud par mer et par terre, par L.-Balthazar Néel (de Rouen), suivi du Retour, par Aug.-Balthazar Néel (de Rouen), suivi du Retour, par Aug.-Martin Lottin. Avec introduction et douze eaux-fortes, par J. Adeline. *Rouen, E. Augé,* 1878, in-4, fig., demi-rel. dos et coins de mar rouge, dos orné, *non rogné. (Petit.)*

Grand papier de Hollande, tiré à 45 exemplaires numérotés et renfermant une série complète des épreuves oblitérées.

548. Saint-Cyr. Offices divins à l'usage des dames et demoiselles établies à Saint-Cyr, dressez par le sieur Nivers. *Paris,* 1686, in-12, veau.

On y joint : Heures, prières et offices à l'usage des demoiselles de la maison de Saint-Cyr. *Paris,* 1714, in-12, basane. — Epitaphe de Mme de Maintenon, in-4 de 7 pp.

549. Saint-Denis. Histoire de l'abbaye royale de Saint-Denys en France, contenant la vie des Abbez qui l'ont

gouvernée depuis onze cens ans : les hommes illustres qu'elle a donnez à l'Eglise et à l'Etat,... avec la description de l'Eglise et de tout ce qu'elle contient de remarquable, le tout justifié par des titres authentiques et enrichi de plans, de figures et d'une carte topographique par dom Michel Félibien. *Paris, Fr. Leonard*, 1706, in-fol., pl., mar. rouge, dos orné, dent., tr. dor. (*Rel. anc.*)

Superbe exemplaire en GRAND PAPIER aux armes de Mme la marquise de POMPADOUR.

550. — Les Tombeaux et Mausolées des roys, inhumez dans l'église de S. Denys, depuis le roy Dagobert, jusques au roy Louis XIV. Avec un abrégé de leurs actions plus memorables, en vers françois. Par un religieux de Sainct-Denys (Brosse). *Paris, Estienne Pépingué*, 1656, in-8, vélin, plats fleurdelisés, tr. dor.

551. — Tombeau de Louis XII (et Tombeau de François premier), dessiné, gravé et publié par E. F. Imbard. *Paris, Didot*, 1815-1817, 3 vol. pet. in-fol., pl., cart.

Exemplaires de l'auteur contenant 56 dessins originaux à l'aquarelle, à la plume et au crayon noir réunis en un album. Quelques planches gravées sont en double, en noir et coloriées.

552. — Abbaye de Saint-Denis, 6 vol. in-8, veau, demi-rel. et *broché*.

Inventaire du Trésor. *Paris*, 1714. — Dénombrement des corps des Saints, des Rois, des Reines et autres. *Paris*, 1715. — Les Raretez qui se voyent dans l'église de St-Denis. *Paris*, 1715. — Les Tombaux des Rois, Reines, qui sont à St-Denis. *Paris*, 1733 et 1745. — Les Tombeaux de St-Denis. *Paris*, 1825. — Monographie de l'église de St-Denis, par de Guilhermy. *Paris*, 1848. — La vie de la Mère Marie-Josèphe-Albertine de l'Annonciade, décédée en odeur de sainteté à St-Denis, 1677, in-12.

553. — Vues diverses de la ville et de l'Abbaye de Saint-Denis, 15 planches et dessins en feuilles.

Plans et élévations de l'Abbaye par *P. Le Pautre*. — Plans de St-Denis. — Plan de l'église lors des cérémonies funèbres en l'honneur de la reine Marie-Thérèse, etc.

554. Saint-Germain-en-Laye. Histoire de la ville et du château de St-Germain-en-Laye, par A. Goujon. *Saint-Germain, Goujon*, 1829, in-8, fig. et plan, demi-rel. veau.

555. — Histoire de l'Eglise et prieuré royal, du vieux

château, du château neuf, du parc et de la forêt de Saint Germain en Laye. *S. l. n. d.*, ms. in-4, cart.

Manuscrit sur papier, de la fin du XVIIIe siècle, comprenant 110 pages. Outre l'histoire de St-Germain et de ses monuments, on y trouve aussi l'histoire des Châteaux du Val, de la Muette, de Maisons, de Retz, de Marly, etc., l'histoire du Monastère des Loges, des Abbayes de Poissy, de Joyenval, etc.

556. — La Promenade de S. Germain. A Mademoiselle de Scudéry. *A Paris, chez Guillaume de Luyne*, 1669, in-12 de 1 f. de titre, 66 pp. et 3 ff., mar. vert, dos orné, double rangée de fil., tr. dor. (*Thibaron-Joly.*)

Description en prose, entremêlée de vers, par LE LABOUREUR, de la terrasse et des cabinets que Louis XIV avait fait bâtir en annexe au Vieux-Château à Saint-Germain.

Vignette en tête, culs-de-lampe dans le texte et hors texte et figure emblématique gravés sur cuivre par *Sébastien Leclerc.*

557. — Plans et vues du château de St-Germain, 6 pièces, *en feuilles.*

Portrait des chasteaux royaux. — Plan de la forêt par *N. Defer.* — Plan de l'église par *Potain*, etc.

558. Sceaux. Promenade de Sceaux-Penthièvre, de ses dépendances et de ses environs (par Gaignat de l'Aulnays). *Paris,* 1778, in-12, mar. rouge, dos orné. fil., tr. dor. (*Rel. anc.*)

Papier fort.

559. — Les Divertissements de Sceaux. *A Trevoux, et se vendent à Paris, chez Etienne Ganeau*, 1712-1715, 2 vol. in-12, veau.

Recueil de pièces en prose et en vers par Malézieux, Fontenelle, Chaulieu, l'abbé Genest et autres écrivains de la société de la duchesse du Maine. Le tome II est intitulé : *Suite des divertissements de Sceaux, contenant des chansons, des cantates et autres pièces de poésies, avec la description des nuits qui s'y sont données,* etc.

560. — Plan et vues du château de Sceaux, 4 estampes in-fol., *en feuilles.*

Plan par *Champin.* — 2 vues par *Silvestre.* — Plafond de la chapelle par *Lebrun.*

561. Vaux. Vues du château et des jardins de Vaux le Vicomte, dessinées et gravées par Israël Silvestre, 10 estampes in-fol., *en feuilles.*

562. Versailles. Château de Versailles. 6 vol. in-12, veau.

  1° Explication historique de ce qu'il y a de plus remarquable dans la maison royale de Versailles, par Combes. *Paris*, 1681.

  2° Nouvelle description des chasteaux et parcs de Versailles et de Marly, (par Piganiol de la Force). Seconde édition. *Paris*, 1707, plans.

  3° Nouvelle description des châteaux et parcs de Versailles et de Marly, (par Piganiol de la Force). Quatrième édition. *Paris*, 1717, 2 vol., fig. et plans.

  4° Almanach de Versailles de 1787, *Versailles*. 1787, portr. de Marie-Antoinette.

  5° Le Nouveau Panthéon... avec des inscriptions latines et françaises pour les principales statues du Palais de Versailles, par de Vertron. *Paris*, 1686, front.

563. — La description du château de Versailles. *Paris, Ant. Vilette*, 1694, in-12, pl., veau.

  Ce très rare volume est orné de 16 planches gravées en taille-douce par *Vianen*, contenant des vues du château, des jardins, du palais de Trianon, etc.

564. — Château de Versailles, 4 vol. in-12.

  1° Description de divers ouvrages de peinture faits pour le Roy (par André Félibien). *Paris*, 1671, in-12, veau. Contient la relation de la fête de Versailles de 1668.

  2° Recueil de descriptions de peinture (par And. Félibien). *Paris*, 1689, in-12, veau. Nouvelle édition contenant en plus : *Description du château de Versailles en 1674 et divertissements de Versailles de 1674.*

  3° Description du château de Versailles par M. Félibien. *Paris*, 1696, in-12, cart. Réimpression du volume qui précède.

  4° Description de la grotte de Versailles (par Félibien). *Paris*, 1670, in-12, veau.

565. — Description sommaire de Versailles ancienne et nouvelle, avec des figures. Par M. (And. Félibien et) Félibien Des Avaux. *A Paris, chez Ant. Chrétien*, 1603 (1703), in-12, pl., mar. rouge, dos orné, fil., tr. dor. (*Rel. anc.*)

566. — Le Château de Versailles. Histoire et Description par L. Dussieux. *Versailles, L. Bernard*, 1881, 2 vol. gr. in-8, et un album in-fol. de pl., *brochés.*

Exemplaire en GRAND PAPIER.

567. — Les Délices de Versailles et des maisons royales, ou recueil de vues perspectives des plus beaux endroits des châteaux, parcs, jardins, fontaines et bosquets de Versailles, la Ménagerie, Trianon, Marly, Meudon, Saint-Cloud, Fontainebleau, Chantilly, Sceaux, Maisons, etc. En deux cents planches, dessinées et gravées pour la plupart par les Perelle père et fils. Le tout enrichi de courtes descriptions par

Charles-Antoine Jombert. *Paris*, 1766, in-fol., pl., veau marbré, tr. rouge.

Contient 218 pl. la plupart par *Perelle*. 11 pl. diverses de *Manesson-Mallet* ajoutées. Complément du n° 183.

568. — Les Plans, profils, et élévations, des Ville et Château de Versailles, avec les bosquets, et fontaines, tels qu'ils sont a présent; levez sur les lieux, dessinez et gravez en 1714 et 1715. *A Paris, chez Demortain, s. d.*, in-fol., pl., veau marbré, tr. jaspée.

Titre, extrait du privilège et 42 plans et planches par *Menant, Scotin, Baquoy, Fonbone*, etc., représentant Versailles, Trianon et Marly.

A la suite : *Les plans, coupes, profils et élévations de la Chapelle du chasteau royal de Versailles*. A Paris, chez Demortain, titre et 12 pl. et une collection de 5 pl. doubles par *Aveline*, représentant les châteaux de Chantilly, Chambord, Rambouillet, etc.

569. — Vues diverses, plans et coupes du château de Versailles, in-fol., *en feuilles*.

Vingt-quatre planches du siècle dernier ; plans généraux et particuliers du château, vues générales, détails des façades et estampes diverses.

570. — Plusieurs grouppes de figures du grand escalier de Versailles dit l'escalier des Ambassadeurs. *S. l. n. d. (Paris, vers* 1680), in-fol., *en feuilles*.

Titre gravé avec armoiries de Mansart et 14 planches gravées au trait d'après les peintures de *Lebrun*.

571. — Grand escalier du château de Versailles, dit escalier des Ambassadeurs. *Paris, Surugue, s. d. (vers* 1710), in-fol., demi-rel.

Texte et 20 pl. y compris celles des peintures du plafond par *Le Brun*.
A la suite : La Grande Galerie de Versailles, 55 planches d'après *Le Brun*.
Beaucoup de planches sont de la réimpression.

572. — Explication des Tableaux de la Galerie de Versailles, et de ses deux Salons (par Rainssant, garde des médailles de S. M.). *Versailles, Fr. Muguet*, 1687, in-4, mar. rouge, dos orné, fil., tr. dor. (*Rel. anc.*)

En-têtes par *Séb. Le Clerc*. Aux armes royales.

573. — Relation des Assemblées faites à Versailles dans le grand Apartement du Roy pendant ce Carnaval de l'an 1683, et des Divertissemens que sa Majesté y avoit ordonés...

Avec quelques vers qui ont été ajoutés, parlans des victoires
du Roy, etc. *Paris, Cottard,* 1683, in-12, mar. rouge, dos
orné de fleurs de lis, fil., tr. dor. (*Rel. anc.*)

> Relation sous forme de lettre adressée à la Princesse de Brunswick par
> P. M. Bourdelot ; elle contient la description des appartements du Roi, avec la
> nomenclature des tableaux et autres objets d'arts qui s'y trouvaient et la relation
> d'un bal offert par la marquise de Thianges au Roi. Très rare.

574. — La Grande Galerie de Versailles et les deux salons qui
l'accompagnent, peints par Ch. Le Brun, dessinés par
J. B. Massé. *Paris,* 1753, in-12, veau.

> On y joint : 1° Explication des tableaux de la galerie de Versailles et de ses
> deux salons (par Rainssant). *Versailles,* 1687, in-12, fig., veau.
> 2° Apothéose d'Hercule peint au plafond du salon de marbre de Versailles,
> par *F. Le Moine.*

575. — Description de la Chapelle du Chasteau de Versailles,
et des ouvrages de sculpture et de peinture (par Félibien).
Avec les figures nécessaires. *A Paris, chez Florentin Delaulne,*
1711, in-12, fig., veau.

> Ce volume est orné d'une jolie vignette en-tête, d'un plan et de 4 vues
> intérieures de la Chapelle. Ces figures, dessinées par *S. Le Clerc,* ont été gravées
> par *Scotin.*

576. — Estat général a quoy monteront tous les ouvrages
de la Chapelle, sallons et sacristie du Château de Versailles, depuis l'année 1689 jusques à l'année 1710, que
laditte chapelle doit estre acheuée. Ms. in-fol. de 18 ff.,
mar. Lavallière, dos orné, double rangée de fil. à froid.
(*Petit.*)

> Manuscrit original des plus importants pour l'histoire du château de
> Versailles. Ce devis détaillé des travaux à exécuter dans la Chapelle s'élève à
> 2.217.999 livres 10 s.

577. — L'Office de Saint-Louis, roy de France, à l'usage de
la chapelle du Roy à Versailles. *Paris, Desprez,* 1760, in-12,
mar. rouge, dos orné, fil., tr. dor. (*Rel. anc.*)

578. — Plans des différentes parties du jardin de Versailles. *S. l. n. d.* (*vers* 1700), in-4, basane rouge.

> Recueil de 21 dessins à l'aquarelle, le trait à la plume, donnant les plans des
> parterres et des fontaines du jardin de Versailles.
> Ce volume est d'un grand intérêt, car il donne les plans d'un certain nombre
> de bosquets qui ont été détruits ou modifiés au XVIIIᵉ siècle, tels que le Marais,
> le bassin de l'Etoile, le Labyrinthe, etc.

579. — Recueil des Figures, Groupes, Thermes, fontaines, vases et autres ornemens tels qu'ils se voyent a present dans le château et parc de Versailles. Gravé d'après les originaux par Simon Thomassin. *A Paris, chez S. Thomassin*, (1689), in-8, pl., mar. rouge, dos orné, fil., tr. dor. (*Rel. anc.*)

Très bel exemplaire de la PREMIÈRE ÉDITION, avant la date, contenant 220 pl. gravées par *Thomassin*, y compris le frontispice et le portrait de Louis XIV.

580. — Les beautez de l'Europe ou la magnificence du parc de Versailles, contenant une description générale de ce qui est renfermé de plus curieux dans ses jardins. Avec l'explication historique de toutes les figures, vases et autres pièces antiques et modernes tant de bronze que de marbre qui y sont exposez. *S. l.*, 1706. Ms. in-12 de 6 ff. lim. et de 162 pp., mar. rouge, dos orné, fil., tr. dor. (*Rel. anc.*)

Manuscrit de Gaudeloup, d'une très bonne écriture, présenté par le calligraphe à Mlle d'ENGHIEN (Marie-Anne de Bourbon-Condé). La reliure porte les armes de cette princesse.

581. — Versailles immortalisé par les merveilles parlantes des Bâtiments, Jardins, Bosquets, Parcs, Statues, Tableaux et peintures qui sont dans les châteaux de Versailles, de Trianon, de la Ménagerie et de Marly ; composé en vers libres par le sieur J. B. de Monicart, avec une traduction en prose latine par Romain le Testu. *Paris, Et. Ganeau*, 1720, 2 vol. in-4, front et fig., veau.

Prospectus de l'ouvrage ajouté.

582. — Recueil de divers desseins de Fontaines et de frises maritimes, inventez et desseignez par Monsieur Le Brun, premier peintre du Roy. *Et se vendent à Paris, chez Edelinck, s. d.* (*vers* 1680), 2 vol. in-fol., veau brun. (*Rel. anc.*)

Ces 2 volumes contiennent la représentation de 44 fontaines des jardins de Versailles et de frises de bassins, tirées sur 27 feuilles. Quelques planches sont gravées par *L. de Chastillon.*
Un dessin original de *Lebrun* ajouté.
On a relié à la suite d'un des volumes: Divers desseins de décorations de pavillons inventez par Ch. Le Brun. *Se vendent chez Edelinck, s. d.*, titre et 13 pl. représentant les divers pavillons de Marly.
Aux armes du chancelier LE TELLIER.

583. — Histoire de Versailles, de ses rues, places et avenues

depuis l'origine de cette ville jusqu'à nos jours, par J. A. Leroi. *Versailles, Paul Oswald, s. d.* (1868), 2 vol. in-8, fig. et plans, *brochés.*

On y joint le même ouvrage. *Versailles*, 1861, in-8, *broché.*

584. — Livre de tous les plans, profils et élévations tant en perspective que géométralle du chasteau de Clagny que Sa Majesté a fait bastir près Versailles. *Paris, Cossin, graveur*, 1680, in-fol., *en feuilles.*

Titre imprimé et 8 pl. gravées par *Michel Hardouin.*
Le château de Clagny, bati par *Mansart* en 1678, fut détruit en 1769.

585. — Plans, élévations, coupes et profils du Couvent de religieuses de la Congrégation a Versailles, commencé par les ordres de la Reine, continué par ceux de Madame, sur les desseins du Sr Mique. *S. l. n. d.* (1772), in-fol., mar. rouge, dos orné, fil. (*Rel. anc.*)

Quatorze dessins très bien lavés à l'aquarelle.
Ce couvent fut bâti avec les pierres de l'ancien château de Clagny, sur l'ordre de la reine Marie Leczinska. Après la mort de la Reine, ce furent Mmes Adelaïde, Sophie et Victoire de France qui veillèrent à l'achèvement de cet édifice, aujourd'hui occupé par le lycée de Versailles.
Les plats portent un chiffre formé des lettres M. A. entrelacées surmontées d'une couronne princière, les angles sont ornés de fleurs de lys.
M. Q. Bauchart (*Les Femmes bibliophiles*) cite ce volume comme ayant fait partie de la bibliothèque de Marie-Antoinette, nous pensons plutôt que le chiffre qui orne les plats est celui de Mme Marie–Adelaïde qui s'occupa particulièrement de la construction du couvent.

TABLE DES DIVISIONS.

ORDRE DES VACATIONS

PREMIÈRE VACATION

Mercredi 28 Novembre.

DEUXIÈME VACATION

Jeudi 29 Novembre.

TROISIÈME VACATION

Vendredi 30 Novembre.

QUATRIÈME VACATION

Samedi 1er Décembre.

LILLE. — IMPRIMERIE L. DANEL.

EN PRÉPARATION

CATALOGUE

DES LIVRES RELATIFS AUX BEAUX-ARTS

(ARCHITECTURE, SCULPTURE, PEINTURE, GRAVURE, ETC.)

Provenant de la bibliothèque de feu M. H. Destailleur.

CATALOGUE

DE

DESSINS ORIGINAUX D'ORNEMENT ET DE DÉCORATION

ET DESSINS RELATIFS A L'HISTOIRE DE LA VILLE DE PARIS

Provenant de la bibliothèque de feu M. H. Destailleur.

---

www.ingramcontent.com/pod-product-compliance
Lightning Source LLC
Chambersburg PA
CBHW051727090426
42738CB00010B/2138